Martin Baron

GOTT UND DEUTSCHLAND

Warum die Situation der Christenheit
in Deutschland so ist, wie sie ist

… und warum sie sich dramatisch
verändern wird

© Gottes Haus
Sigrid und Martin Baron

Text: Martin Baron
Lektorat: Siglinde Sarge
Grafik: Isabelle Brasche · www.macbelle.de
Buchsatz & Layout: Riccardo Meusel · www.buchlayout.net
Fotos: Bigstock

Sämtliche Bibelstellen sind, soweit nicht anders angegeben, der Revidierten Elberfelder Bibel © 1985 und 1992 R. Brockhaus Verlag, Wuppertal, entnommen worden.

Die Begriffe „teufel", „satan", „feind" usw. werden in diesem Buch kleingeschrieben.

1. Auflage 2015
ISBN 978-3-943033-10-6

Nachdruck, auch auszugsweise, nur mit schriftlicher Genehmigung des Herausgebers.

info@gottes-haus.de
www.gottes-haus.de

Dieses sehr persönliche Buch über die Situation der Christenheit in Deutschland möchte ich an Menschen weitergeben, die sich nach einer neuen, großen Bewegung Gottes in der deutschsprachigen Welt sehnen, sich danach ausstrecken und dafür beten.

Wenn du dazu gehörst, dann lade ich dich auf eine Reise ein, die dir erklärt, warum die Situation der Christenheit in Deutschland so ist, wie sie derzeit ist ... und warum sie sich schon bald umfassend und dramatisch verändern wird.

Martin Baron

Inhaltsverzeichnis

Vorwort 9

Teil 1 – Ein Land wie kein zweites

Einleitung 14

Kapitel 1 – Deutschland ist anders 25
Kapitel 2 – Erweckung liegt in der Luft 31
Kapitel 3 – Die deutsche Tragödie 49
Kapitel 4 – Unabsehbare Folgen 69
Kapitel 5 – Aus der Katastrophe erblüht die Erlösung 79

Teil 2 – Was Gott uns verheißt ...

Einleitung – mit einem Text von *Loren Cunningham* 87
Die Ernte ist die Vollendung des Zeitalters 89
Weitreichender als Azusa – *William Seymour
und Charles Fox Parham* 92

Kapitel 1 – Worte für Deutschland

Eine heiße, leuchtende, brennende Flut
des Heiligen Geistes – *Don Franklin* 93
Deutschland und Israel haben eine gemeinsame
Bestimmung – *Rick Joyner* 96
Strategisches Wort für Deutschland – *Rick Joyner* 97
Die Zeit für Deutschland ist gekommen – *E. A. Adeboye* 100
Schaut auf Deutschland, Norditalien und Osteuropa –
Julia Loren 101
Die Rechte des Herrn ist erhöht – *Ortwin Schweitzer* 103
Ein neuer Tag beginnt – *Ortwin Schweitzer* 109

Es wird innerhalb einer Stunde geschehen – *Francois Botes*	111
Gottes levitisches Volk in Deutschland – *Bob Maine*	114
Lebenswasser – *Arnd Kischkel*	116

Kapitel 2 – Aufgestaute Gebetserhörungen

Die Staumauer	120
Der Dammbruch – *Christian Scharnagl*	122
Ströme lebendigen Wassers	124
Himmelsschleusen – *Damaris Baron*	125
Ein entscheidender Schlüssel	127
Gebete, in himmlischen Schalen gesammelt	131
Gottes Kairos-Moment – von *Dutch Sheets*	132

Kapitel 3 – Ein geistlicher Tsunami

Der große Tsunami – *Rick Joyner*	139
Gemeinde, der himmlische Wecker klingelt – *Tim Sheets*	142
Die größte Überraschung Gottes für die ganze Welt – *Horacio Valera*	145
Ein Lied aus dem 2. Jahrhundert	146

Kapitel 4 – Millionen werden das Heil Gottes sehen

Das große Kreuz	147
Mitteleuropa: Feuer und Erschütterungen	149
Der Feuerball	152
Schwarz-Rot-Gold	153
Die Armee des Lichts	154
Ein Land, das sich auf die Herrlichkeit Gottes zubewegt	155
Ein großes Fragen nach dem Herrn	158

Kapitel 5 – Himmelstor

Worte des Lebens und der Ermutigung für Deutschland – *Daniel Capri*	164
Die Entwicklung zur „Himmelstor"-Konferenz	171

Worte des Lebens – aus Zion für Deutschland – *Daniel Capri*	176
Einzelne Prophetien über die 7 Tore – *Daniel Capri*	178
Von der „Prophetic Wall"	184
Die Erweckung Deutschlands hat begonnen! – *Marika Reincke*	187

Kapitel 6 – Offene Tore

Jetzt öffnen sich die Tore zu neuer Geschichte – *Tim Sheets*	191
Wiederherstellung von verlorenem Erbe – *Doug Addison*	193
Gottes Zeit der Vorbereitung und Bestimmung – *Kathi Pelton*	194

Kapitel 7 – Was für ein Vorrecht, in dieser Zeit zu leben

In einer Zeit des raschen Fortschritts – *Bobby Conner*	197
Die Zeiten haben sich geändert – *Brian Simmons*	200
Nun ist deine Zeit gekommen – *Victoria Boyson*	202
Die Zeit erfährt Erlösung – *Lana Vawser*	203
Was für ein Vorrecht, in einer Zeit wie dieser zu leben	207
Quellenhinweise	212

Zum ersten Teil dieses Buches findest du auf der Webseite www.gottes-haus.de ein **12-teiliges Video-Seminar** von Martin Baron.

Auch die verschiedenen Dokumente, die im ersten Teil des Buches erwähnt werden, sind dort ungekürzt wiedergegeben, ebenso wie eine Liste mit Bibelstellen zum Thema Richten, Richtgeist etc.

www.gottes-haus.de/specials/100-jahre-stagnation

Vorwort

Wenn man sich intensiv mit dem Thema prophetischer Aussagen für Deutschland, Österreich, die Schweiz oder weiter darüber hinaus Mitteleuropa oder ganz Europa beschäftigt, wird man feststellen, dass es eine große Fülle an Texten unterschiedlicher Art dazu gibt. Hunderte, wenn nicht Tausende von Prophetien beschäftigen sich mit dem, was uns der Herr für die vor uns liegenden Jahre verheißt.

Ich bin überzeugt, dass der Heilige Geist zu uns als seinem Volk in sehr unterschiedlicher Weise spricht – in Träumen, Visionen aller Art, empfangenen Worten, Bildern, Texten, Liedern u.v.m. – um das, was er tun wird, im Vorfeld deutlich und unmissverständlich anzukündigen. Manches davon mag nur für eine einzelne Person gelten, manches für eine Familie, einen Hauskreis, eine Gebetsgruppe oder eine Gemeinde, manches aber auch für eine Region oder Nation. Was immer es sei, die Bibel sagt uns:

*Gott der HERR tut **nichts**, er offenbare denn seinen Ratschluss den **Propheten**, seinen Knechten ... Gott der HERR redet, wer sollte nicht **Prophet** werden?*
Amos 3,7-8 (Luther)

Deshalb fordert Paulus uns auf:

*Strebt nach der Liebe! Bemüht euch um die Gaben des Geistes, am meisten aber um **die Gabe der prophetischen Rede**! Wer aber **prophetisch** redet, der redet den Menschen zur Erbauung und zur Ermahnung und zur Tröstung. Ich wollte, dass ihr alle in Zungen reden könntet; aber noch viel mehr, dass ihr **prophetisch** reden könntet. Denn wer **prophetisch** redet, ist größer als der, der in Zungen redet; es sei denn, er legt es auch aus, damit die Gemeinde dadurch erbaut werde. Darum, liebe Brüder, bemüht euch um die **prophetische Rede** und wehrt nicht der Zungenrede.*
1. Korinther 14,1.3.5.39 (Luther)

Prophetie – und das Ernstnehmen von Prophetie – ist ein existentieller Bestandteil des Christentums. Sie ist etwas, um das wir uns persönlich bemühen und danach trachten sollen. Die Bibel warnt uns davor, prophetische Rede leichtfertig zu verachten:

__Prophetische Rede__ verachtet nicht. Prüft aber alles und das Gute behaltet.
1. Thessalonicher 5,20-21 (Luther)

Denn es ist noch nie eine __Weissagung__ aus menschlichem Willen hervorgebracht worden, sondern getrieben von dem Heiligen Geist haben Menschen im Namen Gottes geredet.
2. Petrus 1,21 (Luther)

Ich glaube, dass Prophetie sehr wichtig ist, denn durch die modernen Medien bekommen wir ein vollkommen verzerrtes und manipulierendes Bild der Wirklichkeit vermittelt, das ein souveränes Eingreifen Gottes ausklammert und uns nur auf das menschlich Machbare beschränkt. Es ist wie „feindliche Propaganda", und nicht wenige Christen sehen die Welt durch diese falsche Brille.

Prophetie hilft uns, den richtigen Blickwinkel – nämlich die Sichtweise Gottes – zu finden, die unermesslich weit über unseren so beschränkten menschlichen Intellekt hinausgeht. Prophetie richtet sich deshalb in erster Linie nicht an unseren Verstand, sondern an unser Herz, das sich im Glauben nach Gott ausstreckt.

Die Auswahl der Prophetien im zweiten Teil dieses Buches ist nur eine Facette, ein kleiner Ausschnitt. Es sind Botschaften, die ich persönlich für wichtig halte, doch es gibt noch viel, viel mehr. Von daher stellt die Auswahl keine Wertung dar. Gerade auch bei Fürbitte- und Gebetsveranstaltungen aller Größenordnung spricht der Herr häufig über das, was er tun wird.

Wenn du dich weiter mit der Thematik aktueller Prophetien beschäftigen möchtest, habe ich auf unserer Webseite www.gottes-haus.de unter „Specials" eine Liste mit Internet-Links für dich erstellt.

Hier sind auch alle in diesem Buch wiedergegebenen Prophetien ungekürzt zitiert.

Besonders erwähnen möchte ich an dieser Stelle die „Elijah List": www.elijahlist.com. Ich persönlich bin durch die Newsletter dieses durch Steve Shultz gegründeten Dienstes schon sehr oft gesegnet worden. Unter www.elijahlist.at gibt es eine Fülle von Prophetien – die hauptsächlich von amerikanischen Sprechern kommen – auch in deutscher Sprache. Ich empfehle dir diese von Karin Meitz betreute wertvolle Webseite und die deutschsprachigen Newsletter von ganzem Herzen. Einige der von ihr übersetzten Prophetien sind in dieses Buch eingeflossen.

Ich wünsche dir, dass du beim Lesen dieses Buches den Herzschlag Gottes spürst, der Heilige Geist zu dir spricht und du entdeckst:

Gott hat mehr für dich!

Siehe, ich wirke Neues!
Jetzt sprosst es auf.
Erkennt ihr es nicht?
Ja, ich lege durch die Wüste einen Weg,
Ströme durch die Einöde.

Jesaja 43,19

Teil 1

Ein Land wie kein zweites

Einleitung

Bevor ich mich dem ersten Teil dieses Buches zuwende, möchte ich zur Einleitung gerne einige Dinge kurz mit dir betrachten, die mir zum Verständnis dieses Parts wichtig erscheinen:

1. Zum Begriff „Christ"
2. Keine Schuldzuweisung
3. Die Bedeutung des „königlichen Priestertums"
4. Die Bedeutung echter Einheit im Heiligen Geist

Begriffsklärung „Christ"

Zum richtigen Verständnis dessen, was ich im Folgenden schreibe, ist es wichtig, die Begriffe „Christ", „Christentum" und „Christenheit" zu definieren. Dies hat für mich nichts mit einer Mitgliedschaft in irgendeiner Konfession, Denomination, Kirche, Freikirche, Gemeinde oder einem Verband zu tun. Einer Institution anzugehören ist niemals das entscheidende Indiz für Christsein.

Ein Christ ist für mich jemand, der in seinem Leben in einer bewussten Willensentscheidung (freiwillig, unmanipuliert und bei klarem Verstand) eine persönliche Hinwendung zu Jesus Christus vorgenommen hat – also nach klassischem Verständnis Buße getan und sich „bekehrt" hat und damit wiedergeboren wurde – und der nun in einer realen, persönlichen und innigen Beziehung zum dreieinigen Gott lebt. Die Menschen, für die das gilt, bilden die Gemeinschaft aller Christen, egal, ob sie zu einer bzw. zu welcher Institution sie gehören mögen oder nicht.

Ich verwende im Folgenden häufig den Begriff „Leib Christi" oder „Leib Jesu", um damit die Gemeinschaft dieser im biblischen Sinne gläubigen Christen im deutschsprachigen Europa zu bezeichnen.

*Ihr aber seid **Christi Leib** und, einzeln genommen, Glieder.*
1. Korinther 12,27

*Und er ist das Haupt des **Leibes**, der Gemeinde ...*
Kolosser 1,18

Das Thema Schuld

Der erste Teil des Buches ist ein geschichtlicher Rückblick auf eine problematische Entwicklung innerhalb der deutschen Christenheit zu Beginn des 20. Jahrhunderts. Bevor ich im Einzelnen darauf eingehe, möchte ich deutlich sagen, dass es mir nicht darum geht, irgendwelche Schuld zuzuweisen oder mit erhobenem Zeigefinger über lang zurückliegende Fehlentwicklungen zu sprechen. Es geht mir nicht darum, die Protagonisten von damals auf der einen Seite zu rechtfertigen und zu verteidigen bzw. auf der anderen Seite zu verurteilen und zu verdammen. Unsere heutige Position aus der Distanz heraus birgt durchaus die Gefahr, leichtfertig die damalige Entwicklung und die beteiligten Personen zu richten oder zu verurteilen. Doch nur Gott allein weiß, welche Schuld einzelne Menschen, Denominationen, Bewegungen oder ganze Generationen auf sich geladen haben. [1]

---

(1) Es ist uns durch die Bibel untersagt, andere Christen abzulehnen oder sich über sie zu erheben. Immer wieder warnt uns das Neue Testament vor dem Richten und dem Richtgeist, etwas, was die Christen in Deutschland vor gut 100 Jahren leider nicht beherzigt haben. Eine Aufstellung mit Bibelstellen zu diesem Thema findest du auf www.gottes-haus.de/specials/100-jahre-stagnation

Niemand von uns kennt einen der damals Beteiligten persönlich und weiß, was für ein Charakter er wirklich (!) war, mit welchen Problemen er wirklich (!) zu kämpfen hatte und wie seine Beziehung zum Herrn wirklich (!) aussah. Das weiß nur Gott allein. Eine Verglorifizierung oder pauschale, um nicht zu sagen blinde Akzeptanz der einen wie der anderen Seite liegt mir fern. Es gab dramatische Fehler und Fehlentwicklungen – auf beiden Seiten. Es gab fragwürdige Lehren und Lehrbetonungen – auf beiden Seiten. Es gab geistlich unsaubere Verhaltensweisen – auf beiden Seiten. Es gab Neid, Missgunst und blanke Furcht. Es gab Rechthaberei, Übertreibung und Angstmacherei. Es gab Sünde.

Es sich heute so einfach zu machen, die eine Seite pauschal als richtig und die andere als falsch darzustellen, ist weder hilfreich noch gerechtfertigt (auch wenn dies bedauerlicherweise an vielen Orten noch geschieht).

Worum es mir geht, ist die Entwicklung zu beleuchten, die die deutsche Christenheit in unsere heutige Situation gebracht hat, in der wir uns nun eben einmal befinden. Diese Situation ist – mit weltweitem Fokus betrachtet – sehr speziell und einzigartig, genauso wie die deutsche Geschichte in den vergangenen 100 Jahren sehr speziell und einzigartig war. Für mich gibt es hier entscheidende Zusammenhänge. Das, was in der Christenheit des beginnenden 20. Jahrhunderts geschah, hatte in der Folge gigantische Auswirkungen auf die Entwicklung Deutschlands im gesamten nachfolgenden Jahrhundert.

Ein königliches Priestertum

Ein weiterer wichtiger Punkt, den ich betrachten möchte, ist, dass das Volk Gottes grundsätzlich als „Könige und Priester" eingesetzt ist, also geistliche Autorität ausübt und für das Volk, die Nation, die Gesellschaft usw. im geistlichen Dienst, insbesondere der Fürbitte, vor Gott eintritt. Es ist wichtig, ein Verständnis für diese geistliche Bedeutung des Volkes Gottes als Vertreter seiner Herrschaft zu haben. Es ist so etwas wie ein Korrektiv. Der Dienst als „König und Priester" verhindert das hemmungslose Ausbreiten der Mächte der Bosheit. Es ist Salz und Licht. Es bildet den Leib Jesu. Und wo immer der Leib Jesu ist, kann sich die Finsternis nicht beliebig ausbreiten und entfalten – das Licht wirkt ihr entgegen.

Im Alten Testament beruft Gott in 2. Mose 19,6 sein Volk:

*Und ihr sollt mir ein **Königreich von Priestern** und eine **heilige Nation** sein.*

Im Neuen Testament wird diese hohe Berufung noch ausgeweitet:

*Ihr aber seid ein **auserwähltes Geschlecht**, ein **königliches Priestertum**, eine **heilige Nation**, ein **Volk zum Besitztum**, damit ihr die Tugenden dessen verkündigt, der euch aus der Finsternis zu seinem wunderbaren Licht berufen hat; die ihr einst „nicht ein Volk" wart, jetzt aber ein **Volk Gottes** seid.*
1. Petrus 2,9-10

Die Bedeutung dieser geistlichen Aufgabe kann meiner Meinung nach nicht hoch genug eingeschätzt werden. Wenn das Licht als etwas, was Orientierung, Richtung, Vision, Klarheit usw. gibt, verdunkelt wird, dann gewinnen Kräfte der Finsternis die Oberhand. Wenn das Salz als etwas, was den Verwesungs- und Verfallprozess stoppt oder zumindest verlangsamt, kraftlos wird, dann gewinnen Kräfte von Verderbnis die Oberhand. Jesus warnt uns im Gleichnis eindeutig davor, dass dies möglich ist und dass es geschehen kann, dass das Salz – und damit sind wir Christen gemeint – kraftlos wird:

*Ihr seid das **Salz** der Erde; wenn aber das **Salz** fade geworden ist, womit soll es gesalzen werden? Es taugt zu nichts mehr, als hinausgeworfen und von den Menschen zertreten zu werden. Ihr seid das **Licht** der Welt; eine Stadt, die oben auf einem Berg liegt, kann nicht verborgen sein.*
Matthäus 5,13-14

*Das **Salz** ist gut; wenn aber das **Salz** salzlos geworden ist, womit wollt ihr es würzen? **Habt Salz** in euch selbst, und **haltet Frieden untereinander!***
Markus 9,50

Die Christenheit besitzt das geistliche Amt, als Könige und Priester für die Nation und das Volk einzutreten. Es kann diese Aufgabe entweder in der Hand behalten und mit der Hilfe des Herrn ausüben oder es kann vom feind beraubt werden und die Autorität dieser Aufgabe aus der Hand genommen bekommen und verlieren.

Ein wenig erinnert das an Adam. Er bekam von Gott die volle Autorität über den Garten Eden und füllte diese Position gut aus. Irgendwann wurde er durch den feind getäuscht und verlor seine Position, seine Autorität, seine Haushalterschaft.

Nirgendwo in der Bibel steht, dass wir als Christen davor gefeit sind, durch eine derartige feindliche Falle unsere Position und Autorität zu verlieren. Im Gegenteil, es ist genau der Kampf, in dem wir stehen. satan versucht mit allen Mitteln, die geistliche Position, in der wir stehen, zu schwächen, zu attackieren, zu unterminieren und uns letztlich aus ihr herauszudrängen.

Will ich damit sagen, dass der Leib Jesu eine ganz entscheidende Bedeutung und hohe Verantwortung für das Volk und das Land hat, in das er eingesetzt ist?
Meine Antwort darauf lautet uneingeschränkt: Ja!

Ohne Heiligen Geist keine geistliche Einheit

Ein anderer, wichtiger Aspekt ist die Bedeutung einer echten, geistlichen Einheit.

Hier geht es mir nicht um eine menschlich gemachte, organisierte Einheit, die häufig mit der Forderung nach einer einheitlichen Theologie oder einheitlichen Vorgehensweise in bestimmten Punkten verknüpft ist. Echte geistliche Einheit hat nichts mit „Einerlei(heit)" zu tun oder der Akzeptanz eines kleinsten gemeinsamen Nenners. Einheit ist etwas, was, wie der Name schon sagt, „eins" ist, also nicht ent-„zweit" ist.

Echte geistliche Einheit ist etwas, was ausschließlich der Heilige Geist wirken kann. Um in eine solche, geistgewirkte Einheit zu kommen, müssen wir von ganzem Herzen zulassen, dass der Heilige Geist es auch tatsächlich tun darf und kann. Wenn Christen sich nicht wirklich dem Heiligen Geist öffnen, ist echte geistliche Einheit nicht realisierbar und nichts anderes als ein frommer Wunsch.

*Denn in **einem Geist** sind wir alle zu **einem Leib** getauft worden … und sind alle mit einem Geist getränkt worden.*
1. Korinther 12,13

*Befleißigt euch, die **Einheit des Geistes** zu bewahren durch das **Band des Friedens**: Ein Leib und ein Geist, wie ihr auch berufen worden seid in einer Hoffnung eurer Berufung!*
Epheser 4,3-4

Wenn nun christliche Gruppierungen gerade hinsichtlich dieses „Einheitsstifters", des Heiligen Geistes, jedoch Vorbehalte haben, verwirrt sind, ihn und sein übernatürliches Wirken vielleicht sogar mehr oder minder offen ablehnen, dann ist jede Einheit nichts anderes als eine von Menschen gemachte

Aktivität. Ich sage nicht, dass dies unbedingt schlecht sein muss, genauso wenig wie ein gemeinsames Grillfest oder ein Kaffeetrinken schlecht sind. Aber es ist meiner Meinung nach auch nicht wesentlich mehr. Eine Gemeinschaft, in der man sich lediglich darauf einigt, in gewissen theologischen Punkten übereinzustimmen, sollten wir niemals mit dem gleichsetzen, was die Bibel als echte geistliche Einheit versteht.

Ohne Heiligen Geist ist geistliche Einheit undenkbar!

Eine reale, geistgewirkte Einheit des Leibes Jesu ist nun aber, ganz ähnlich wie die Position der königlichen Priesterschaft, von allergrößter Bedeutung für das Volk, das Land und die Nation. Jesus spricht selbst über die Bedeutung der Einheit und verwendet dazu die Begriffe Reich (Reich Gottes) und Haus (Haus Gottes), beide stehen für den Leib Jesu, für die Christen:

*Und wenn ein Reich mit sich selbst entzweit ist, kann dieses Reich nicht bestehen. Und **wenn ein Haus mit sich selbst entzweit ist, wird dieses Haus nicht bestehen können** ... Niemand aber kann in das Haus des Starken eindringen und seinen Hausrat rauben, wenn er nicht vorher den Starken gebunden hat, und dann wird er sein Haus berauben.*
Markus 3,24-27

Jesus sagt hier, dass jedes Reich oder Haus bezwungen werden kann, wenn es „mit sich selbst entzweit" ist. Entzweien deutet auf eine scharfe Trennung hin, eine deutliche Spaltung, zwei klar getrennte Seiten. Falls so etwas auftritt, kann dieses Haus – auch wenn es ansonsten „stark" sein mag – gefesselt und dann beraubt werden.

Erinnern wir uns, dass unser Wort „teufel" von diabolos stammt, was „Entzweier" oder „Der Dazwischenwerfende" bedeutet. Er ist derjenige, der etwas dazwischen wirft, dazwischen keilt, etwas auseinandertreibt, spaltet, trennt, entzweit. Denn er weiß, dass er dann, wenn ihm dies gelingt, jeden „Starken" berauben kann.

Nach meiner Überzeugung gelang dem teufel genau dies in der deutschen Christenheit des frühen 20. Jahrhunderts. Er konnte etwas dazwischenwerfen, was eine scharfe Entzweiung hervorrief und zu einer tragischen Entwicklung in großen Teilen des Leibes Jesu führte. Letztlich ging es dabei um eine einzige, ganz entscheidende Frage, nämlich, ob das innerhalb der damaligen Christen zunehmend auftretende Wirken vom Heiligen Geist gewirkt war oder nicht?

Aufgrund der auftretenden Phänomene und Manifestationen kam es zu einer zunehmenden Polarisierung von Gegnern und Befürwortern, in der schlussendlich eine private Stellungnahme, bekannt als die „Berliner Erklärung", die Initialzündung für einen Prozess wurde, der in einer äußerst scharfen Trennung innerhalb der deutschen Christenheit mündete. Schon bald war das Haus der Gemeinde Jesu in Deutschland aufs Tiefste entzweit. Durch die im Laufe weniger Jahre sich zunehmend verfestigende und bald schier unüberwindbare Spaltung konnten feindliche Mächte den „Starken" – nämlich die Christenheit – binden und sein „Reich" und sein „Haus" weitgehend ungehindert berauben.

Der ausschlaggebende Punkt war interessanterweise genau der Streit um die Person, die Gaben und das Wirken des Heiligen Geistes. Des Geistes, der allein geistliche Einheit wirken kann.

Wenn man die Worte Jesu in Markus 3 weiterliest, kommt es zu einer äußerst beklemmenden Aussage. Der Kontext, in dem Jesus über das Reich und das Haus spricht, war der Vorwurf der geistlichen Leiterschaft ihm gegenüber, dass sein Wirken nicht durch den Heiligen Geist, sondern durch einen unreinen Geist verursacht wäre. Auf diesen Vorwurf hin sagt der Herr:

Wahrlich, ich sage euch: Alle Sünden werden den Söhnen der Menschen vergeben werden und die Lästerungen, mit denen sie auch lästern mögen; wer aber gegen den Heiligen Geist lästern wird, hat keine Vergebung in Ewigkeit, sondern ist ewiger Sünde schuldig – weil sie sagten: Er hat einen unreinen Geist.
Markus 3,28-30

Die damalige Spaltung entwickelte sich jedenfalls schon bald zum größten Fluch, den Deutschland jemals erleben konnte. Denn durch die Entzweiung verlor das Volk Gottes zunehmend die geistliche Einheit und damit die entscheidende Kraft, gegen die raffinierten Schliche des feindes bestehen zu können. Es wurde in geistlicher Weise zunehmend gebunden, gefesselt, geschwächt – und zwar äußerst empfindlich geschwächt, vor allem in der unersetzlichen Position der Autorität als königliches Priestertum für die Gesellschaft und die Nation –, und dann entsetzlich beraubt.

Die der geistlichen Einheit innewohnende Kraft, Vollmacht und Autorität wurden durch die Trennung nachhaltig immer mehr ausgehebelt. So verlor der Leib Christi in Deutschland seine bis dahin über Jahrhunderte innehabende Position als geistliches Korrektiv gegen die zerstörerischen Mächte der Finsternis. Indem es dem feind gelang, die Christenheit in sich selbst zu entzweien, konnte er sie in einem gewissen Maße neutralisieren. Der „Starke" war gebunden. Damit erreichte er sein Ziel, nämlich das Land, das Volk, die Nation für seine Zwecke weitgehend ungehindert missbrauchen zu können.

In der geistlichen Welt entstand sozusagen ein Machtvakuum. Dieses Vakuum wurde innerhalb kürzester Zeit von widergöttlichen Kräften gefüllt, die Deutschland fortan in einen unseligen Taumel entsetzlicher Katastrophen spülten und unfassbares Elend über das deutsche Volk und zahlreiche andere Völker brachten.

Will ich hiermit sagen, dass der Leib Jesu durch die Entzweiung als Salz und Licht in einem gewissen Maße unbrauchbar wurde und letztlich zuließ, dass der feind die Autorität über das Volk und das Land an seiner Stelle einnehmen konnte? Will ich damit sagen, dass die Spaltung der Christenheit für die katastrophale Entwicklung Deutschlands im 20. Jahrhundert mit verantwortlich ist?

Auch hier lautet meine Antwort uneingeschränkt: Ja!

Kapitel 1

Deutschland ist anders

Wenn man sich unvoreingenommen mit der weltweiten Entwicklung innerhalb der Christenheit beschäftigt und es mit dem vergleicht, was wir innerhalb des deutschsprachigen Europas an geistlichen Entwicklungen beobachten, wird man sehr bald einen eklatanten Unterschied im Hinblick auf die freigesetzte Ausbreitung des Reiches Gottes erkennen.

Ich möchte keinesfalls die wunderbaren geistlichen Aufbrüche und Entwicklungen in unseren Ländern gering achten oder übersehen, die von wichtiger und strategischer Bedeutung sind, doch die Dimension dessen, was Gott in Afrika, Asien und Südamerika tut, ist mit dem, was wir derzeit erleben, einfach nicht zu vergleichen. Ich bin mir bewusst, dass entscheidende Impulse für Mission und Evangelisation sowie die finanziellen Mittel zu einem großen Teil aus der westlichen Welt stammen. Doch das, was Gott heute in jenen Ländern tut, befindet sich auf einem völlig anderen Level, als es derzeit bei uns freigesetzt ist.

Leider beschäftigen sich nicht allzu viele Christen unserer Länder mit dieser internationalen Entwicklung, obwohl es über Internet relativ leicht ist, an entsprechende Informationen zu gelangen. Die Beschäftigung damit hilft uns ganz entscheidend, den eigenen Glaubenshorizont zu erweitern und einen realistischen Blick für die wahre Dimension dessen zu bekommen, was Gott weltweit tut. Und das ist einfach gigantisch!

Man sagt, dass ein Land dann, wenn 10 % der Bevölkerung wiedergeborene Christen sind, als mit dem Evangelium erreicht gilt. Das bedeutet, dass es nicht mehr als Missionsland eingestuft wird. In Deutschland rechnet man damit, dass aktuell um die 2 % der Bevölkerung wiedergeborene Christen sind (also ca. 1,5 Mio. Personen). [2]

Deutschland ist demnach definitiv kein christliches Land, sondern Missionsland. Es mag vielleicht christliche Wurzeln haben, doch die moderne Gesellschaft lebt ein zutiefst heidnisches, vom Christentum losgelöstes Leben. Man spricht nicht umsonst von Neuheidentum.

Wenn wir ehrlich sind, ist lebendiges Christentum in Deutschland heute eine gesellschaftliche Randerscheinung, die von der Gesellschaft und den Medien eher belächelt, verspottet und bestenfalls geduldet wird. Verglichen mit dem geistlichen Leben in weiten Teilen der Welt fällt in der Gemeinde Jesu in Mitteleuropa ein verblüffender Mangel an gesellschaftlicher Relevanz und an Effektivität in nahezu jedem Bereich auf. Die Gemeinden sind vergleichsweise klein und führen häufig ein Schattendasein in einer völlig widergöttlichen Gesellschaft, die vom Christentum keine Antworten und Lösungen der aktuellen Lebensfragen erwartet. Echte Christen sind Exoten in einer Gesellschaft, die viel eher von toter Religiosität, wuchernder Esoterik oder schlichtem Atheismus geprägt ist.

Doch warum ist es in Deutschland so?

Ich habe mich jahrelang mit dieser Frage beschäftigt. Der eklatante Unterschied zwischen dem, was die Bibel als Erweis für echtes Christsein beschreibt und dem, was ich in der

---

(2) Patrick Johnstone geht in „Gebet für die Welt, Ausgabe 2003" von nicht mehr als 2,9 % evangelikalen Christen in Deutschland aus.

deutschen Christenheit wahrnahm, erschien mir beklemmend und irritierend. Warum sollte jemand Christ werden, wenn das Christsein nicht mehr zu bieten hatte als das, was ich allerorten wahrnahm? War das alles, was das Christentum als Antwort auf die drängendsten Fragen unserer Gesellschaft zu bieten hat? Wo war die Kraft, von der das Neue Testament spricht?

Da ich Sachen gerne auf den Grund gehe und mich nicht mit der vorgefassten Meinung anderer abgebe – auch wenn es sich dabei um Pastoren oder geistliche Leiter handelt – versuchte ich dieser für mich als deutschem Christen wichtigen Frage auf den Grund zu gehen. Während meiner Beschäftigung mit dem Thema stellte ich irgendwann fest, dass es tatsächlich einmal einen Startpunkt für diese offensichtliche Kraftlosigkeit der Christen in Deutschland gegeben hatte. Ich musste dazu auf der Zeitachse allerdings einige Jahrzehnte zurückgehen.

Um diesen „Startpunkt" und die daraus resultierenden Folgen soll es nun im ersten Teil dieses Buches gehen.

Der größte Aggressor des 20. Jahrhunderts

Wenn man auf der Zeitachse durch die Jahrzehnte der deutschen Geschichte zurückgeht, begegnet einem eine schier erschreckende Fülle negativer Ereignisse, die von Deutschland ausgingen. Wie kein anderes Land der Erde brachte Deutschland im 20. Jahrhundert Elend, Not und Vernichtung über die Länder und Völker der Welt.

Das Land Martin Luthers und Zinzendorfs, der Reformation und des Pietismus, das Land, von dem der Buchdruck ausging (Historiker wählten den Deutschen Johannes Gutenberg zum „Mann des Jahrtausends"), das Land, das durch die Herrnhuter ein über 100 Jahre andauerndes Nonstop-Gebet hervorbrachte und das maßgebliche Impulse für die moderne

Missionsbewegung gab, versank in einem Taumel widergöttlicher Aktivitäten, was bis zum heutigen Tag für viele Historiker nicht wirklich nachvollziehbar ist. Wie konnte es sein, dass die „Kulturnation Deutschland" zum größten Aggressor der Welt im 20. Jahrhundert wurde?

Zu den unseligen Taten der Nation zählen dabei unter vielem anderen:

- die Initialzündung und Durchführung des Ersten und Zweiten Weltkrieges als die zerstörerischsten militärischen Auseinandersetzungen aller Zeiten (man denke nur an Begriffe wie Verdun oder Stalingrad). Im Ersten Weltkrieg – der Urkatastrophe des 20. Jahrhunderts – gab es 17 Mio. Tote, im Zweiten Weltkrieg waren es 55–60 Mio. Tote

- der von krankhafter Prestigesucht getriebene Imperialismus

- das Mitverursachen der Oktoberrevolution in Russland (das Deutsche Reich arrangierte, dass Lenin nach Russland gebracht wurde, um diesen Kriegsgegner zu schwächen), mit unvorstellbar negativen Folgen für die ganze Menschheit (die „Erfinder" des Kommunismus, Marx und Engels, waren bekanntermaßen auch Deutsche)

- die radikale Umsetzung der Herrenmenschen-Philosophie

- der Holocaust, die systematische Vernichtung von 6 Millionen Juden u.a. Gruppierungen in geradezu teuflischer Effektivität (der eigentliche Holocaust begann mit der Wannseekonferenz Anfang 1942 und dauerte nur knapp 3,5 Jahre)

- die völlige „Ent-Väterung" der ganzen Nation durch den Nationalsozialismus (in der DDR später weiterkultiviert)

- die weniger beachtete, aber vermutlich dämonischste Kraft, die je aus Deutschland kam, war die „Erfindung",

Kultivierung und Ausbreitung der liberalen Theologie, die Millionen von Menschen weltweit das Heil vorenthielt und große Teile der Kirchen der westlichen Welt ihrer geistlichen Kraft beraubte

Unsägliches Elend geschah im angeblich so aufgeklärten, wissenschaftlichen und humanistischen 20. Jahrhundert, dramatischer und umfangreicher als jemals in der Menschheitsgeschichte zuvor. So starben beispielsweise während dieser 100 Jahre mehr Menschen als Märtyrer, als in der gesamten Geschichte der Menschheit zuvor zusammengenommen.

Doch wieso wurde ausgerechnet das Land mit dem damals höchsten Stand an Industrialisierung in ganz Europa, dem damals vermutlich vorbildlichsten Gesundheits-, Alters- und Sozialsystem der ganzen Welt und einem durchaus blühenden geistlichen und kulturellen Leben zum Ende des 19. Jahrhunderts innerhalb weniger Jahre zu einem solch großen Fluch für die Menschheit? Ein Land, das gerade in den Jahrzehnten vor der Jahrhundertwende vom 19. zum 20. Jahrhundert eine Fülle bahnbrechender Erfindungen und Entdeckungen und zahlreiche Nobelpreisträger hervorgebracht hatte?

Entwicklungen in der unsichtbaren Welt

Um diese Frage zu beantworten, müssen wir die hinter den irdischen, sichtbaren Ereignissen stattfindenden geistlichen Zusammenhänge verstehen. Ereignisse von historischer Tragweite geschehen nicht „einfach nur so", sondern sind Ergebnisse von Prozessen und Machtverschiebungen in der geistlichen Welt.

Widergöttliche geistliche Mächte unterschiedlicher Prägung versuchen kontinuierlich Einfluss auf das Leben der Menschen zu nehmen. Das gilt für den Einzelnen wie auch für jede

Gruppierung, bis hin zu ganzen Nationen. Menschen, die sich diesen negativen geistlichen Mächten öffnen und sich vorbehaltlos von ihnen gebrauchen lassen, werden zu Schlüsselfiguren in der gesellschaftlichen, wirtschaftlichen, politischen Entwicklung ganzer Länder. Wohl alle Menschen, die jemals in dieser Welt „etwas bewegt" haben, wurden letztendlich dazu von geistlichen Mächten gebraucht oder missbraucht.
Als markante Beispiele seien nur Marx und Hitler genannt.

Ein Krieg beispielsweise entsteht nicht durch eine Verkettung politischer Zufälle, sondern durch geistliche Kräfte, die diesen Krieg forcieren und die beteiligten Herrscher, die sich dazu missbrauchen lassen, hineintreiben.

So war die Endlösung der Nazis nicht eine rationale Entscheidung aus einem politischen Kalkül heraus, sondern der teuflische Versuch des widergöttlichen Machtsystems des Dritten Reiches, das Volk Israel so weit wie möglich auszurotten, um damit die von Gott gegebenen endzeitlichen biblischen Verheißungen unmöglich zu machen.

Ich bin überzeugt, dass alle historischen Ereignisse einen geistlichen Hintergrund haben. Da dies auch für die Ereignisse im Deutschland des 20. Jahrhunderts gilt, stellt sich die Frage: Wieso konnte es innerhalb eines kurzen Zeitraumes zu einer solch einmaligen, zerstörerischen und die ganze Welt erschütternden Entwicklung kommen? Um diese Frage zu beantworten, wollen wir einen Blick auf die geistliche Landschaft in Deutschland zur Zeit der Jahrhundertwende werfen.

Kapitel 2

Erweckung liegt in der Luft

In den letzten Jahrzehnten des 19. Jahrhunderts herrschte in den christlichen Kreisen in Deutschland eine völlig andere Situation als heute. Gott hatte Jahrzehnte des Segens geschenkt. Im ganzen Land gab es missionarische Initiativen, diakonische Werke, effektive Evangelisation und aufblühende Gemeinden. Überall in Deutschland herrschte eine erwartungsvolle, erweckliche Atmosphäre.

1846 wurde die Evangelische Allianz als Zusammenschluss gläubiger Christen in London gegründet. 920 Teilnehmer aus etwa 50 verschiedenen Denominationen kamen dazu zusammen. Knapp 11 Jahre später wurde 1857 die deutsche Evangelische Allianz in Berlin gegründet – ursprünglich als Evangelischer Bund. [3]

1897 entstand der nach dem kleinen Konferenzort Gnadau benannte Gnadauer Verband als Dachverband des wieder aufgeblühten deutschen Pietismus als geistlicher Aufbruch in den evangelischen Landeskirchen. Gnadau ist eine Herrnhuter Siedlung in der Nähe von Magdeburg. Erster Vorsitzender (Präses) war Reichsgraf Eduard von Pückler. Es heißt: Der

---

[3] Der Initiator und Gründer der Evangelischen Allianz, der Schotte Thomas Chalmers (1780-1847), gehörte leider den Freimaurern an. Er war Vizepräsident der freimaurerischen Royal Society of Edinburgh. Die Gründungsversammlung 1846 sowie die regelmäßigen Sitzungen fanden im Gebäude der Londoner Freimaurerloge „Freemasons' Hall" statt.

Gnadauer Verband arbeitet auf reformatorischer Grundlage, ruft zur Bekehrung auf, lehrt die Wiedergeburt, betont die Bruderschaft der Gläubigen, pflegt gemeinsames Gebet, fordert zur Heiligung auf und beteiligt Laien an der Verkündigung.

Ganz generell herrschte überall eine tiefe Sehnsucht und Erwartung, dass Gott etwas Neues, Großes tun möge. Die Auswirkungen der anziehenden und dynamischen Heiligungsbewegung (vor allem in den USA und England) trugen ebenso dazu bei wie die Heiligungs-Konferenzen mit Tausenden von Teilnehmern des amerikanischen Fabrikanten Pearsall Smith in Oxford, Brighton und Keswick ab 1874, die erwecklichen Aufbrüche in verschiedenen Regionen des Landes, eine dynamische Evangelisationsbewegung – z. B. in der Zeltmission, die damals topmodern und äußerst effektiv war – unter Evangelisten wie Elias Schrenk, Samuel Keller, Jakob Vetter, Jonathan Paul u.v.a.

Wichtig waren auch die Erfahrungen des Deutschen Christoph Blumhardt im Befreiungs- und Heilungsdienst in der zweiten Hälfte des 19. Jahrhunderts. 1852 hatte er im Kurhaus Bad Boll ein Seelsorgezentrum gegründet, das sich schnell zu einem äußerst erfolgreichen Heilungs- und Befreiungszentrum entwickelte. Die Gästebücher enthalten pro Jahr fast 1000 Einträge von Besuchern aus ganz Europa, die allen sozialen Schichten entstammten, denn Standesunterschiede wurden kaum beachtet.

Christoph Blumhardt schrieb bereits im Februar 1844, dass er noch eine Ausgießung des Heiligen Geistes über die ganze Welt erwarte:

„Diese muss kommen, wenn es mit unserer Christenheit anders werden soll. Ich spüre es, so ärmlich darf's nicht fortgehen. Die ersten Gaben und Kräfte, ach! Die sollten wieder kommen! Und ich glaube, der liebe Heiland wartet nur drauf, dass wir drum bitten."

Ab etwa 1875 wurde die Beschäftigung mit Hingabe, Heiligung und dem Wirken des Heiligen Geistes immer mehr zu zentralen Themen in den sogenannten erweckten Kreisen. Einer der Hauptimpulsgeber der Heiligungsbewegung war der weltbekannte amerikanische Evangelist Moody. Im deutschsprachigen Bereich galt Carl Heinrich Rappard, Leiter der Pilgermission St. Chrischona, als einer der Hauptvertreter.

Viele der erst vor kurzem gegründeten Missionsgesellschaften arbeiteten in der ganzen Welt und berichteten vom Wirken Gottes. Überall tat Gott Großes. Aus verschiedenen Orten kamen Berichte über „Geistausgießungen", zum Beispiel Liebenzell oder Mühlheim an der Ruhr, wo es 1905 zu einer regelrechten regionalen Erweckung kam.

Voll gespannter Erwartung

Die gespannte Erwartungshaltung war auf keine bestimmte Konfession beschränkt, sondern erfasste übergreifend alle lebendigen Bewegungen, Freikirchen und Gemeinden des Leibes Christi in Deutschland. Immer und immer wieder wurde aufgefordert und eingeladen, sich dem Wirken des Heiligen Geistes erwartungsvoll zu öffnen. Insbesondere die nur lose organisierten Kreise der Gemeinschaftsbewegung als kleine, erweckliche Zirkel innerhalb der evangelischen Landeskirchen, nahmen die Impulse der Heiligungsbewegung auf.

Lehre über Geistestaufe, meist als punktuell erfahrbar und insbesondere zur Überwindung der eigenen Sündennatur (des Fleisches) helfende Erfahrung, wurde an vielen Orten vermittelt. Bei vielen Christen in ganz Deutschland war der Hunger nach dieser Taufe, dieser neuen Erfüllung mit dem Heiligen Geist geweckt. Man erwartete ein neues Pfingsten.

Im Allianzhaus in Bad Blankenburg – dem Konferenzzentrum der Evangelischen Allianz – predigte im Jahre 1905 der amerikanische Evangelist und Präsident des Moody-Bible-Institutes Dr. Reuben A. Torrey. Er sagte:

„Es ist eine Sache, wiedergeboren zu sein durch den Heiligen Geist, es ist eine andere Sache, die noch hinzukommen muss, getauft zu sein mit dem Heiligen Geist.

Dies geht klar aus dem fünften Vers im ersten Kapitel der Apostelgeschichte hervor. Jesus sagt ihnen: ‚Ihr sollt mit dem Heiligen Geist getauft werden nicht lange nach diesen Tagen.' Es ist ganz klar, dass sie in dieser Weise bis dahin noch nicht getauft waren ... Demnach waren nach des Herrn Jesu eigener Erklärung diese Männer wiedergeboren, aber sie waren noch nicht mit dem Heiligen Geist getauft.

Wir lesen in 1. Kor. 11, dass es ein Geist sei, aber eine große Mannigfaltigkeit von Gaben. Jedoch wird in jedem einzelnen Fall Kraft da sein. Ich könnte auch hier von vielen Männern und Frauen erzählen, die aus einem Zustand der Schwachheit herausgetreten sind in einen Zustand der Kraft im Dienste Gottes, einfach dadurch, dass sie die Gabe, die ihnen verheißen war, in Anspruch nahmen."

Zahlreiche Besucher erhoben sich und Dr. Torrey betete für sie um diese Geistestaufe. Ex-General von Viebahn betrachtete die Konferenz als großen Segen und Bernhard Kühn schrieb über die Konferenz als ein „neues Pfingsten". Die Zeitschrift der Evangelischen Allianz schrieb von einer „Erweckung", *„wie sie geistesmächtiger und tiefgreifender wohl keiner der 1400 Konferenzgäste erwartet hätte."*

Die Zeitschrift „Licht und Leben" der „Evangelischen Gesellschaft für Deutschland" berichtet von einem „Geistesregen" in aller Welt: *„Jetzt ist die Ernte reif. Gottes Stunde für die große, weltweite Erweckung scheint geschlagen zu haben."*

Das Thema Geistestaufe beschäftigte die unterschiedlichen christlichen erweckten Gruppierungen außerordentlich. Zu Pfingsten 1905 waren die deutschen Christen aufgerufen, um ein wahres Pfingsterlebnis zu beten. Überall kam es zu Gebetsversammlungen und Bußkonferenzen.

Die negative Seite

Parallel dazu blühte allerdings auch die andere, dunkle Seite geistlichen Lebens. Auch in anderen Kreisen streckte man sich nach der Kraft des Übernatürlichen aus. Im deutschen Kaiserreich seit 1871 (dem zweiten deutschen Reich), der sogenannten Gründerzeit, hatten Okkultismus und Spiritismus Hochkonjunktur. Swedenborgianismus, Anthroposophie, Astrologie, Wahrsagerei u.v.a. blühten. Gerade die leitenden Kreise des Adels bis hin zum Kaiserhaus, des Militärs, des Bildungssystems, der Wirtschaft u.a. waren davon durchzogen – und leider auch die Kirchen. Unzählige Geistliche waren Mitglieder von Geheimorden. Besonders in Preußen war die Freimaurerei als das Netzwerk der leitenden Kreise eine prägende Kraft. Schon zur Zeit Friedrichs des Großen hatte die Freimaurerei fast den Status einer Staatsreligion erreicht. Adel und Militär waren davon durchsetzt.

Im Zuge des aufblühenden Humanismus – des Geistes Griechenlands – erhielten öffentliche Gebäude seit Jahrzehnten griechische Tempelfassaden (Parlamente, Gerichte, Universitäten, Kirchen), was den innewohnenden Geist sichtbar machte. Die Olympischen Spiele wurden wiederbelebt; die schulische Ausbildung war vollkommen humanistisch geprägt, klassische Philosophie an der Tagesordnung. Unzählige Verbände, Institutionen und Unternehmen benannten sich nach Figuren der griechischen und römischen Mythologie (Neptun, Viktoria,

Hermes …). Passend dazu brachten Archäologen unverhohlen geistlich hoch belastete Objekte wie das Ischtartor, den Pergamonaltar, oder auch die Nofretete-Büste u.v.m. unter großem Beifall nach Berlin.

Insbesondere die Tatsache, dass ausgerechnet der Pergamonaltar in Berlin wiedererrichtet wurde, ist beklemmend. Etwa 45-mal spricht die Bibel in der Offenbarung vom Thron Gottes bzw. Thron des Lammes. Nur ein einziges Mal wird ein anderer Thron erwähnt: der „Thron satans" im Sendschreiben an die Gemeinde von Pergamon im zweiten Kapitel. Es gibt weder einen anderen Ort noch ein anderes Objekt, das im Neuen Testament in ähnlicher Weise bezeichnet wird:

*Dem Engel der Gemeinde in Pergamon schreibe: ... Ich weiß, was du tust und wo du wohnst, da, wo **der Thron des satans** ist, und dass du festhältst an meinem Namen und den Glauben an mich nicht verleugnet hast, auch in jenen Tagen, in welchen Antipas, mein treuer Zeuge, bei euch getötet wurde, da **wo der satan wohnt**.* Offenbarung 2,12-13

Die Bezeichnung bezog sich auf die Tempelanlage mit einem gigantischen Altar in Pergamon. Der Ort in Kleinasien galt als ein Zentrum des römischen Kaiserkultes und es gibt geistliche Leiter, die davon ausgehen, dass auf dem Zeus geweihten Altar Menschen, die sich weigerten, den Kaiser als Gott anzuerkennen, als Märtyrer hingerichtet wurden. [4]

Ein deutscher Ingenieur, Carl Humann, begann ab 1878 mit den Ausgrabungsarbeiten der Tempelanlagen auf dem „Burgberg" in Pergamon. Mit der damaligen türkischen

---

(4) Vieles liegt bei diesem Objekt im Dunkeln. Ein langjähriger Leiter der Ausgrabungen in Pergamon äußerste sich im Jahr 1999: „Nichts ist in der Forschung unumstritten bei diesem berühmtesten Hauptwerk der Kunst von Pergamon, weder der Bauherr noch das Datum, noch der Anlass, noch der Zweck des Baus."

Regierung wurde verhandelt, dass die Anlage nach Berlin gebracht werden sollte. Stein für Stein, Fries für Fries wurde der Pergamonaltar nach Berlin transportiert, wo ihm auf der Museumsinsel ein spezielles Museum errichtet wurde. Ein erster Bau erfolgte 1901.

1902 feierte Kaiser Wilhelm II. die Errichtung dieses Altars in Berlin als „größte Tat" (!) seiner Regierungszeit. Eine äußerst bemerkenswerte Aussage, wenn man davon ausgeht, dass es sich in der Tat um den „Thron satans" handelt. Was wusste der Kaiser darüber, was es mit dem Objekt auf sich hatte? Vor der Eröffnung soll er den Altar mit einem ausschweifenden Fest für die heidnischen Götter in „erlauchtem" Kreise eingeweiht haben.

Der erste Museumsbau wurde 1909 (dem Jahr der Berliner Erklärung) zugunsten eines größeren Neubaus abgerissen. Dieser Neubau des Pergamon-Museums (der Entwurf stammte ausgerechnet von einem zur evangelischen Kirche konvertierten jüdischen Architekten) ist eine ins Gigantische übersteigerte Form der Vorderfront des Altars selbst. Nach der Machtergreifung der Nazis diente der Pergamonaltar 1934 auf den persönlichen Befehl Hitlers als Vorbild für die in Nürnberg auf dem Reichsparteitagsgelände errichtete Haupttribüne (Länge 360 m, Höhe 20 m). Hier fanden die gigantischen Aufmärsche der Nazis statt. [5]

Ein Thron ist immer das Zentrum eines Herrschaftsbereiches, es ist der Ort der Machtausübung. Nach christlichem Verständnis kann man davon ausgehen, dass durch das Aufrichten der in der Heiligen Schrift als „Thron satans" bezeichneten Anlage mitten in Berlin, das Land unter den Thron, also die Herrschaft satans

---

(5) Am 29. September 2014 wurde die Anlage im Pergamonmuseum wegen umfangreicher Renovierungsarbeiten für den Publikumsverkehr für mehrere Jahre geschlossen. Man rechnet frühestens 2019 mit einer Wiedereröffnung für die Allgemeinheit.

gestellt wurde. Wie weit dies bewusst oder unbewusst geschah, sei dahingestellt. Tatsache ist, dass innerhalb kürzester Zeit von dieser Stadt vielfach politische Entscheidungen ausgingen, die die Welt in einen Strudel der Zerstörung rissen und eine Entfesselung dämonischer Mächte offensichtlich machen.

Parallel zu diesem humanistischen Geist, zu Okkultismus und Spiritismus, keimte auch das germanische Heidentum wieder auf, Thingplätze wurden allerorten wiederbelebt, die Beschäftigung mit deutschen Sagen und Märchen war Allgemeingut (Gebrüder Grimm). Überall im Land entstanden sonderbare, aus christlicher Sicht bedenkliche Monumente wie zum Beispiel das Völkerschlachtdenkmal, die Walhalla, das Hermanns-Denkmal oder der Kyffhäuser.

In der damaligen deutschen Gesellschaft vermischten sich Humanismus, Nationalstolz, Traditions-Christentum, Okkultismus, unterschiedliche Mythologien und Philosophien u. a. zu einer sonderbar konfusen und vernebelten Sicht über sich selbst, die Nation und die Welt. Dichtkunst und Malerei (Romantik) sowie Architektur (Historismus) lassen diesen geistlichen Mischmasch bis zum heutigen Tag erkennen.

So gab es, aus christlicher Perspektive gesehen, in der zweiten Hälfte des 19. Jahrhunderts einen gewaltigen geistlichen Aufbruch – im Positiven wie auch im Negativen. Im Deutschland der Jahrhundertwende herrschte viel Licht, aber auch sehr, sehr viel Schatten.

In Erwartung der Geistestaufe

Für die lebendige Christenheit, die „erweckten Kreise", kann man die Situation um die Jahrhundertwende alles in allem trotzdem am besten wie folgt beschreiben: Man schnupperte in Deutschland Erweckungsluft.

Sehr markant brachte Charles H. Spurgeon (1834–1892), der „König der Prediger", in einer Predigt über die Kraft des Heiligen Geistes die allgemeine Sehnsucht der damaligen Christenheit auf den Punkt:

„Ein weiteres großes Werk des Heiligen Geistes, das noch nicht vollendet ist, ist das Kommen der Herrlichkeit der letzten Tage. In einigen Jahren – ich weiß nicht wann, ich weiß nicht wie – wird der Heilige Geist in einem völlig anderen Stil als heute ausgegossen. Die Prediger von heute sind in eine trockene Routine geraten, immerfort predigend – predigend – predigend – und wenig wird vollbracht. Meine Augen entzünden sich am Gedanken, dass ich es noch erlebe, wenn der Heilige Geist ausgegossen wird, und eure Söhne und Töchter weissagen werden und eure Jünglinge Gesichte sehen und eure Ältesten Träume träumen."

Spurgeon nahm hiermit Bezug auf die bekannte Bibelstelle aus Joel 3, die Petrus in der Pfingstpredigt in Apostelgeschichte 2,17-18 aufgegriffen hatte:

Und danach wird es geschehen, dass ich meinen Geist ausgießen werde über alles Fleisch. Und eure Söhne und eure Töchter werden weissagen, eure Greise werden Träume haben, eure jungen Männer werden Visionen sehen. Und selbst über die Knechte und über die Mägde werde ich in jenen Tagen meinen Geist ausgießen.
Joel 3,1-2

Das war es, worauf zahlreiche Christen im ganzen deutschsprachigen Europa warteten und wofür sie den Himmel im Gebet bestürmten – ein neues Pfingsten.

Die Entstehung der internationalen Pfingstbewegung

Viele Tausend Kilometer entfernt geschah im April des Jahres 1906 genau das, worum die deutschen Christen – und mit ihnen viele Millionen Gläubige in aller Welt – jahrzehntelang voller Sehnsucht gebetet hatten. Es kam in der Tat zu einem neuen Pfingsten. Doch dieses Pfingsten war völlig anders als man erwartet hatte. Die von Gott ausgewählten Personen, die Begleitumstände und überhaupt das ganze „Setting" war nicht so, wie man vermutet, erwartet und gehofft hatte. Es fühlte sich anders an. Es sah anders aus. Und es war tatsächlich schlichtweg einfach anders. (6)

Bereits am Neujahrstag 1901 (also eigentlich dem 1. Tag des neuen Jahrhunderts) war es in der Stadt Topeka in Kansas, USA, zu Ereignissen gekommen, die als wesentlicher Auslöser der modernen Pfingstbewegung gelten. Durch Berichte über die plötzliche Gnadengabe der Sprachenrede auf verschiedenen Missionsfeldern der Welt angeregt, bei denen Missionare plötzlich in der fremden Sprache des Volkes, zu dem der Herr sie gesandt hatte, sprechen konnten, gründete der 27-jährige Charles Fox Parham (1873-1929) im Herbst 1900 eine Bibelschule für Missionare. Durch diese Geistesgabe könne, so sein Gedanke, ja nun jeder Christ sehr schnell zum effektiven Missionar werden. Die hauptsächliche Ausrichtung und Zielsetzung der ganzen Missionsschule war, diese Gabe der Sprachenrede zu empfangen. Eine gewisse Agnes N. Ozman empfing die Gabe unter Handauflegung am 1.1.1901. Nach einigen Zeugnissen konnte sie drei Tage nicht Englisch reden,

---

(6) Als Jesus im Stall zu Bethlehem als Mensch in diese irdische Schöpfung hineingeboren wurde, waren die Begleitumstände und das „Setting" auch ganz anders, als man vermutet, erwartet und gehofft hatte. Auch damals fühlte es sich gerade für diejenigen, die den Messias so sehnlich erwartet hatten, ganz anders an.

dafür aber Chinesisch sprechen und schreiben. Sie ging später als Missionarin nach China und hatte dort über viele Jahre einen effektiven Dienst. Nach ihr erhielten in den ersten Januartagen 1901 die meisten anderen Schüler und Parham selbst diese Art der Geistestaufe.

Azusa Street

Später führte Parham Schulungen in Houston, Texas, durch. Dort besuchte ein Schwarzer, der wegen der Rassengesetze nicht direkt am Unterricht teilnehmen durfte, dem aber von Parham gestattet worden war, vom Flur aus zuzuhören, als Gasthörer den Unterricht. Es war der einäugige William Joseph Seymour, ein Sohn ehemaliger Sklaven. Seymour gilt als der eigentliche Vater der modernen Pfingstbewegung.

Los Angeles war eine Stadt, in der die Christen schon jahrelang um eine Heimsuchung Gottes gebetet hatten. Vor allem, nachdem sie von der Erweckung in Wales 1905–06 gehört hatten, intensivierte sich ihr Gebet um ein Wirken Gottes in ihrer Stadt.

Seymour wurde als Pastor in eine Heiligungskirche von Schwarzen nach Los Angeles berufen. Aufgrund seiner Lehre über den Heiligen Geist und die Geistesgaben wurde er jedoch, kaum angekommen, schon kurz darauf ausgestoßen. So traf er sich, 36-jährig, ab 1906 mit einer Gruppe schwarzer Christen zum Gebet in Privathäusern, u. a. in der Bonnie Brae Street. Dort war es, wo am 9. April 1906 während einer 10-tägigen Fastenzeit „das Feuer fiel".

Wenige Tage darauf, am 14. April 1906, warnte Seymour in einer ernsten Predigt vor dem Zorn Gottes, der die Erde zum Beben bringen werde. Vier Tage später kam es zu einem äußerst starken Erdbeben, das große Teile der knapp 600 km nördlich liegenden Stadt San Francisco zerstörte. Durch das

Beben und die davon ausgelöste Brandkatastrophe kamen rund 3000 Menschen ums Leben. Es galt als die erste große Naturkatastrophe, die aufgrund neuer Technologien wie Telegrafie, Fotografie und Printmedien einem weltweiten Publikum bekannt wurde und vielerorts einen regelrechten Schock auslöste. Es war die erste Katastrophe, bei der die Berichterstattung die ganze Welt erreichte.

Kurz darauf mieteten Seymour und seine Gruppe eine ehemalige schwarze Methodistenkirche (zwischenzeitlich als Lagerhaus genutzt) in der Azusa Street 312 an. Noch im April 1906 kam es in dem nur 12 mal 20 m großen Gebäude zu einer mächtigen Ausgießung des Heiligen Geistes. Die daraufhin über drei Jahre ununterbrochen durchgeführten Versammlungen (dreimal am Tag, an sieben Tagen der Woche) mit Sprachengebet, Prophetie und dramatischen Krankenheilungen werden allgemein als Wiege der modernen Pfingstbewegung angesehen.

Ein Augenzeuge berichtete:

„Drei Tage und drei Nächte jauchzten sie. Es war an Ostern. Von überallher kamen die Leute. Am anderen Tag war es unmöglich, in die Nähe des Hauses zu kommen. Wer trotzdem ins Haus gelangen konnte, fiel unter die Kraft Gottes; die ganze Stadt war aufgewühlt. Sie jauchzten, bis die Fundamente des Hauses wankten, aber es wurde niemand verletzt."

Einfach mehr von Gottes Liebe

Seymour gab dem Aufbruch den Namen *Pacific Apostolic Faith Movement*. Er interpretierte die „pfingstliche Kraft" als: „Einfach mehr von Gottes Liebe". Besonders beachtlich war das völlige Verschwinden aller Rassenunterschiede. Das war in den USA ein absolutes Novum. Schwarze und Weiße, Männer und Frauen, Arme und Reiche beteten Gott gemeinsam an.

Die Parole lautete: „*The color line has been washed away by the blood!*"

Pastor Frank Bartleman, Hauptdokumentator der Azusa-Street-Erweckung und Augenzeuge, berichtete einen Tag nach dem schweren Erdbeben in San Francisco:

„Donnerstag, den 19. April, saßen wir mittags in einer Versammlung in der Pnielhalle zusammen. Plötzlich fing der Boden an, sich unter uns zu bewegen. Eine schwer zu beschreibende Empfindung ging durch den Raum. Wir saßen da voller Furcht.

Ich ging nach Hause und hatte nach einer Zeit des Gebetes den ernsten inneren Eindruck vom Herrn, in die Azusa Street zu gehen. Hier hatten sie ein altes Gebäude gemietet, eine frühere Methodistenkirche ... Alle Schichten der Menschen begannen in Haufen zu den Versammlungen zu ziehen ... Die ganze Atmosphäre des Himmels war hier.

Bald liefen die Versammlungen Tag und Nacht. Es kamen mehr Weiße als Schwarze. Großer Nachdruck wurde auf die Kraft des Blutes Jesu Christi gelegt zur Reinigung von allen Sünden ...

Die Gottesdienste waren fast ununterbrochen. Suchende Seelen konnten beinahe zu jeder Stunde unter der Kraft gefunden werden. Die Stätte war nie geschlossen noch leer. Die Leute kamen, um Gott zu begegnen ...

Auch galt kein Ansehen der Person. Der Reiche und Gebildete war derselbe wie der Arme und der Unwissende. Alle waren gleich. Wir anerkannten nur Gott ... dämonen fuhren aus, Kranke wurden gesund, und viele wurden gerettet, zurückgebracht und mit dem Heiligen Geist getauft."

Von Los Angeles breitete sich die Bewegung rasch aus. Schon im Jahr 1912 hatte sie jede amerikanische Stadt mit mehr als 3000 Einwohnern erreicht und publizierte Literatur in 35 Sprachen.

Innerhalb von nur zwei Jahren hatte die Bewegung in über 50 Ländern Wurzeln geschlagen. Und schon 1907 sollte auch Deutschland davon erfasst werden ... [7]

Die Pfingstbewegung kommt nach Deutschland

Bereits ab Ende 1906 hielt ein gewisser Thomas Ball Barratt, Methodistenprediger, in Christiania (so der damalige Name der norwegischen Stadt Oslo) „Pfingstversammlungen" ab. Er war während des Jahres 1906 in die USA gereist, um Spenden für sein Waisenhaus in Christiania zu sammeln. Der später als Apostel Europas bezeichnete Barratt soll bis zu 12 Stunden täglich gebetet haben. Als er Berichte über das Wirken Gottes in Los Angeles hörte, betete er, tausende Kilometer entfernt, in New York um die gleiche Taufe im Heiligen Geist und erhielt diese tatsächlich auch am 7. Oktober 1906, fast genau sechs Monate nach dem Beginn der Bewegung in Los Angeles. Personen, die dabei anwesend waren, bezeugten, dass angeblich ein übernatürliches Licht über seinem Haupt sichtbar wurde.

---

[7] Während der Jahrhunderte der Kirchengeschichte gab es immer und immer wieder geistliche Aufbrüche, in denen urchristliche Wahrheiten wieder neu entdeckt und praktiziert wurden. Häufig verfolgte die etablierte Kirche diese Aufbrüche scharf. Bereits in der montanistischen Erweckungsbewegung um 200 n. Chr. wurde versucht, die Gnadengaben wieder neu zu beleben. Geistliche Charismen wie das Zungenreden gab es u.a. bei den ersten Quäkern um 1654, bei den ersten Methodisten um 1739, bei der Läsare-Bewegung in Schweden um 1803, in der Irvingianischen Bewegung in England um 1830 oder in der irischen Erweckung um 1858. Ungewöhnliche Geistesgaben tauchten zum Beispiel auch bei den Waldensern im 12. Jahrhundert, bei der Camisardenbewegung um 1700, bei der Inspirationsbewegung um 1710 auf, und natürlich bei den spektakulären Ereignissen während der amerikanischen Camp-Meetings Anfang des 19. Jahrhunderts und den folgenden amerikanischen Erweckungsbewegungen. Immer wieder gab es Prediger, die in großer Vollmacht im Übernatürlichen dienten, wie im 19. Jahrhundert beispielsweise die Amerikaner Charles Finney (1792 bis 1875) und Maria Woodworth-Etter (1844 bis 1924) oder der schon erwähnte Deutsche Johann Christoph Blumhardt (1805 bis 1880) u.v.a.

Zurückgekehrt nach Norwegen begann er Versammlungen abzuhalten, die schon bald von etwa 2000 Menschen besucht wurden. Er selbst schrieb darüber:

"Leute von allen Denominationen eilen zu den Versammlungen. Manche haben ihr Pfingsten erfahren und sprechen in neuen Zungen ... Viele suchen ihr Heil und werden herrlich gerettet. Hunderte suchen ein reines Herz, und das Feuer fällt auf ein gereinigtes Opfer. Solche, die diese ersten Versammlungen besucht haben, tragen das Feuer in die Städte rundherum."

Die christliche Welt Norwegens wurde erheblich aufgerüttelt und schon bald legte die methodistische Kirchenleitung Barratt nahe, seinen eigenen Weg zu gehen. Nach kurzer Zeit kamen aus ganz Europa Christen nicht nur nach Wales, sondern auch nach Norwegen, um diese Pfingstversammlungen zu erleben und in ihre Länder zu bringen.

Erweckung liegt in der Luft

Auch zwei bekannte deutsche geistliche Leiter, Jonathan Paul und Emil Meyer, besuchten Konferenzen in Norwegen. Emil Meyer (1869–1950) war der Leiter der „Strand-Mission" in Hamburg. Er besuchte im Juni 1907 Barratt, um sich als Augenzeuge ein Urteil über die dortige Erweckung zu bilden,

---

(8) Der „Brüderbote" brachte Berichte über den neuen Aufbruch und erwartete die Ausgießung des Heiligen Geistes, den Empfang der urchristlichen Gaben und eine Neubelebung der deutschen Gemeinden.
Im Jahre 1906 wurden beispielsweise Artikel publiziert, die Titel wie folgt trugen:
Und fingen an in anderen Zungen (Sprachen) zu reden (Nr. 7, 14.2.06)
Werdet voll Geistes (Nr. 22, 30.5.06)
Getauft mit Feuer und Heiligem Geist (Nr. 23, 6.6.06)
Die große Pfingstgabe (Nr. 24, 13.6.06)
Der Spätregen kommt (Nr. 33, 15.8.06)
Getauft mit Heiligem Geiste (Nr. 40, 3.10.06)

da in der Zeitschrift „Brüderbote", die vor allem an Pastoren gerichtet war, laufend positive Berichte über den Aufbruch in Norwegen gebracht wurden. ⁽⁸⁾

Noch am Abend seiner Ankunft in Christiania besuchte Meyer die Versammlungen.

„Die erste Begegnung mit solchen Leuten überzeugte mich gleich von der Echtheit der Bewegung." Es folgten 14 Tage *„genauester Überprüfung der einzelnen Geistbegabten".* Was er sah und hörte, weckte in ihm den Wunsch: *„Ach möchte Gottes Geist bald auch in Deutschland große Dinge tun!"*

Der bekannte evangelische Pastor Jonathan Paul (1853–1931) machte sich bald zum Fürsprecher dieser neuen Bewegung. Paul war in der deutschen Christenheit äußerst prominent. Er war Vorstandsmitglied im Gnadauer Verband, Schriftführer des Gnadauer Verbandes, erster Evangelist der Evangelischen Allianz und erster Verbandsvorsitzender des EC-Verbandes. Nur ein Jahr nach der Ausgießung in Los Angeles, im April 1907, berichtete der 54-Jährige in Schlesien auf einer Leiterschaftskonferenz der deutschen Gemeinschaftsbewegung im Pilgerheim in Brig, bei der „Briger Bibelwoche" des Gnadauer Verbandes, von seinen Erfahrungen in Norwegen. Die ganze Woche stand im Zeichen eines *„Austausches über die Folgeerscheinungen der Erweckungsbewegung in Wales, Kalifornien und Norwegen".* Der Evangelist und Mitbegründer des Gemeinschaftsverbandes Reichsbrüderbund, Johannes Seitz, war begeistert von der neuen Bewegung. In der Zeitschrift „Brüderbote" hatte er diverse Artikel über die Bewegung in Los Angeles in Kalifornien veröffentlicht. Seitz hatte lange auf die Wiederkehr der Apostelzeit mit einer Wiederbelebung der Apostolischen Gaben gewartet. Nun schien die Erfüllung seiner Sehnsucht gekommen. Er schrieb von einem *„Pfingsten wie zu der Apostelzeit".*

Mitten in die gespannte und erwartungsvolle Situation der deutschen Christenheit hinein breitete sich die Nachricht des neuen Pfingsten wie ein Lauffeuer aus. Gott hatte tatsächlich etwas wirklich Neues für seinen Leib geschenkt, eine echte, gewaltige Ausgießung seines Heiligen Geistes. Allerorten begannen sich die Christen voller Sehnsucht und Vorfreude danach auszustrecken. Aufgrund des gut vorbereiteten Bodens unter den erwartungsvollen Christen in Deutschland wurde das Wirken des Heiligen Geistes von zahlreichen Kreisen zunächst begeistert aufgenommen. Endlich, nach so langem Warten, hatte Gott geantwortet. Man stand vor einer neuen Zeit. Erweckung lag in der Luft!

Kapitel 3

Die deutsche Tragödie

Der neue Aufbruch hatte jedoch eine innewohnende Dynamik mit äußerlichen Begleiterscheinungen, die der gesamten geistlichen Leiterschaft in den verschiedenen christlichen Gruppierungen zu diesem Zeitpunkt weitgehend unbekannt waren. Die vom Heiligen Geist ergriffenen Menschen reagierten mitunter mit diversen seelischen Manifestationen, die die teilweise sehr auf preußische Ordnung bedachten Christen irritierten, befremdeten und teilweise sogar abstießen. Sollte dieses Wirken tatsächlich der Heilige Geist sein? Wenn ja, dann verhielt sich dieser Heilige Geist ganz anders, als man es in dem Land gewohnt war, das so sehr von preußischem Kadavergehorsam, von Nationaldenken und landeskirchlichen Strukturen geprägt war. Von 1907 an fingen in zahllosen Gemeinden Christen an zu weissagen, zu prophezeien, in Sprachen zu beten usw. Vieles davon war ohne Zweifel göttlich inspiriert. Manches allerdings hatte einen eigenartigen Beigeschmack und wirkte in der Tat befremdlich. Wie sollte man damit umgehen? Wer durfte es wagen, dem Wirken des Geistes hindernd entgegenzutreten? Was aber, wenn dies gar nicht der Heilige Geist war?

Neben dem Thema Manifestationen sorgte insbesondere das Sprachengebet der „Zungenleute" für Gesprächsstoff. Geistliche Leiter sahen sich ganz massiv vor das Problem gestellt, einerseits das Wirken des Heiligen Geistes nicht dämpfen zu wollen, andererseits aber auch dem Schreckgespenst eines Schwarmgeistes keinen Raum zu geben. Dieser sogenannte Schwarmgeist – eine sehr emotionale, nach innen gerichtete, gefühlsbetonte Sichtweise des Christentums – hatte in der Reformation wie auch im frühen Pietismus (z. B. im Mystizismus oder in der Beschäftigung mit den Wundmalen Jesu) in der Tat absonderliche Blüten getrieben, die man unbedingt vermeiden wollte.

Es fehlte den deutschen Leitern schlichtweg an Erfahrung im Umgang mit solchen Situationen und letztlich an der Gabe der Unterscheidung der Geister gemäß 1. Korinther 12,8-10 – oder vielleicht besser: dem richtigen Umgang mit dieser Gabe.

Denn dem einen wird durch den Geist das Wort der Weisheit gegeben ... einem anderen aber Unterscheidungen der Geister ...

Der teufel hatte – um im Gleichnis von Matthäus 13,24-30 zu sprechen – sofort Unkraut unter den Weizen des neuen Aufbruches gesät und manches, was da aufging, entsprach in der Tat nicht dem Wirken des Heiligen Geistes.

Ein anderes Gleichnis legte er ihnen vor und sprach: Mit dem Reich der Himmel ist es wie mit einem Menschen, der guten Samen auf seinen Acker säte. Während aber die Menschen schliefen, kam sein feind und säte Unkraut mitten unter den Weizen und ging weg. Als aber die Saat aufsprosste und Frucht brachte, da erschien auch das Unkraut ...

Es wurden einzelne Lehren vertreten (z. B. dass nur diejenigen, die in Zungen reden könnten, echte Christen wären oder die sogenannte „Lehre des reinen Herzens", die besonders auch von Jonathan Paul vertreten wurde), die man als problematisch ansah.

Plötzlich erfuhr die sich langsam formierende Bewegung der Freunde dieses pfingstlichen Aufbruches eine sehr scharfe Gegnerschaft von der Zeitschrift der Evangelischen Allianz, insbesondere von dessen Schriftleiter Bernhard Kühn, der eine Kehrtwendung vollzogen hatte und nun in zahlreichen Artikeln mit aller Energie und beißender Schärfe gegen die mögliche Gefahr einer „schwarmgeistigen" Bewegung Stellung nahm.

Die Kasseler Vorfälle

In dieses Dilemma zwischen begeisterter Erwartung des Wirkens des Heiligen Geistes, Irritation, Kritik und mangelnder geistlicher Unterscheidungsgabe, kam es im Juli 1907 zu den sogenannten Kasseler Vorfällen, die die Diskussion über die Thematik nach einiger Zeit eskalieren ließen.

Ein junger Evangelist des Gnadauer Verbandes, Heinrich Dallmeyer aus Kassel, war erstmalig auf der Briger Bibelwoche dabei gewesen. Er hatte zwei Monate darauf, im Juni 1907, während einer Evangelisation von Emil Meyer, dem Leiter der „Strand-Mission" in Hamburg, die Geistestaufe erhalten, wurde dabei von einem Herzleiden geheilt und lernte die beiden Norwegerinnen Dagmar Gregersen und Agnes Telle kennen, die auf Veranlassung von Meyer nach Deutschland gekommen waren. Beeindruckt lud er die beiden Frauen zu einer Veranstaltungsreihe im Blaukreuzsaal nach Kassel ein.

Dieser Event sollte zum entscheidensten Wendepunkt in der Wahrnehmung der neuen Bewegung führen. Daher möchte ich den Ablauf der Veranstaltungen etwas detaillierter betrachten.

1. Tag (Sonntag, 7. Juli 1907; der 07.07.07): Die Veranstaltungsreihe beginnt. Vormittags und abends gibt es Versammlungen mit ca. 500 Teilnehmern und nachmittags Bibelstunden.

2. Tag (Montag, 8. Juli): Erste Botschaft einer Norwegerin in ihrer Muttersprache, starke Vollmacht, hohe Aufmerksamkeit.

4. Tag (Mittwoch, 10. Juli): Nachmittags bringen die beiden Norwegerinnen erste Botschaften in Zungenrede mit Auslegung. Der leibliche Bruder von Heinrich Dallmeyer, August, manifestiert stark. Heinrich Dallmeyer interpretiert das als die langersehnte Geistestaufe.

5. Tag (Donnerstag, 11. Juli): Dallmeyer fühlt sich zunehmend überfordert. Abends kündigt er das Ende der Veranstaltungen bereits für den nächsten Tag an. Augusts Frau ist auf die Bewegung wütend. Nachts sieht sie in ihrer Wohnung eine Wolke, die sich schwer auf sie legt. Sie erhält die Botschaft: *„Im Blaukreuzhaus bleiben, weitermachen bis Joel 3 erfüllt ist".* Dallmeyer glaubt, dass dies ein Reden Gottes sei und fährt trotz seiner eigenen Bedenken mit der Veranstaltung fort.

13. Tag (Freitag, 19. Juli): Die Norwegerinnen hatten Dallmeyer bereits mehrfach vor falscher Prophetie gewarnt. An diesem Tag fällt ein Teilnehmer namens Engelhard Achenbach zu Boden und spürt einen stechenden Schmerz in der Brust. Dallmeyer bleibt nach Ende der Versammlungen mit ihm bis nachts um 1:00 Uhr allein zurück. Achenbach sagt dort u.a. zu ihm: *„Du hast die Gabe der Geisterunterscheidung, die Stunde dafür wird kommen."* Dallmeyer soll darüber aber unbedingt Stillschweigen bewahren.

14. Tag (Samstag, 20. Juli): Nach dieser fragwürdigen nächtlichen Offenbarung geraten die Versammlungen zunehmend außer Kontrolle. Ein Redner kommt in Ekstase und schlägt mit seiner Bibel auf eine Frau ein. Menschen werden bloßgestellt. Ein Pastor liegt auf der Erde, zischt wie eine Schlange und windet sich zwischen den Stühlen hindurch.

15. Tag (Sonntag, 21. Juli): Der 76-jährige Evangelist Elias Schrenk (1831–1913), einer der prominenten Väter der

Gemeinschaftsbewegung, reist wieder ab, nachdem er seit dem 14.07. als Augenzeuge anwesend war. Sein Fazit:

"Brüder! Man hat mich nach Kassel kommen lassen mit dem Gedanken, ich möchte die Bewegung zum Stillstand bringen. Allein den Dienst konnte ich den Brüdern nicht tun. Die Bewegung ist von Gott. Seit fünfzig Jahren warte ich auf Geistesgaben und freue mich, dass der Herr in unserer Zeit antwortet. Die Bewegung wird weitergehen. Aber ich wünsche, dass sie in biblischen Linien weitergehen möge. In Kassel hat man Fehler gemacht. Man hat die Welt eindringen lassen!"

19. Tag (Donnerstag, 25. Juli): An diesem Abend kommt es zum entscheidenden Problem. Die Versammlungen werden zunehmend problematisch und die Zungenredner widersprechen sich gegenseitig. Eine der Norwegerinnen erhebt sich und sagt: *"Was jetzt in Zungen geredet wird, ist nicht vom Heiligen Geist."*

Dallmeyer schaut tatenlos zu und fühlt sich an Achenbachs Anweisungen gebunden. Er gebietet den zungenredenden Brüdern weder Einhalt noch stellt er sich hinter die beiden Frauen. Mehrfach weisen die Norwegerinnen Beiträge in Zungenrede als falsch zurück. Als ihre Forderung, dem Einhalt zu gebieten, nicht entsprochen wird, verlassen sie den Saal und beenden ihre Mitarbeit.

20. Tag (Freitag, 26. Juli): Die Norwegerinnen als „Pfingstler" sind abgereist. Morgens gibt Dallmeyer die Worte Achenbachs weiter und behauptet, die Gabe der Geisterunterscheidung zu besitzen. Erst jetzt dürfe er den Besitz dieser Gabe bekanntgeben. Kraft dieser Gabe verkünde er nun, dass alles am Vorabend Gesagte wahr sei. Ab dem Zeitpunkt, in dem sich Dallmeyer von den Norwegerinnen distanziert und sich hinter die falschen Zungenredner stellt, entgleisen die Versammlungen.

23. Tag (Montag, 29. Juli): Ein groß aufgemachter, polemischer Artikel erscheint in der Kasseler Zeitung, was *„Massen der Bevölkerung auf die Beine brachte"* … *„wenn die Versammlungen stattfanden, fand man die Straßen … blockiert mit Menschen. Je bewegter die Versammlungen im Saale wurden, umso lauter grölten die Menschen auf der Straße!"* Immer mehr Schaulustige kommen. Ganze Straßenzüge werden blockiert.

26. Tag (Donnerstag, 1. August): In der abgesperrten Schillerstraße kommt es zu Massenaufläufen und Schlägereien. Die Polizei schreitet ein, nimmt Verhaftungen vor und schließt die Versammlungen – sechs Tage nach der Abreise der beiden Frauen.

Verunsicherung macht sich breit

Diese Vorfälle sorgten für Irritation unter der deutschen Christenheit, Verunsicherung und dem Ruf nach einem klärenden Wort. Es entstanden Gerüchte, und diese unter der Leitung eines unweisen Gemeinschaftspredigers innerhalb der Gemeinschaftsbewegung aufgetretenen Probleme wurden plötzlich als typischer Standard für den neuen pfingstlichen Aufbruch dargestellt. Und das, obwohl weder in- noch ausländische „Pfingstler" dabei irgendwelche verantwortlichen Positionen innehatten.

Bereits 4 Monate später, am 27.11.1907, erschien in den Gemeinschaftsblättern ein Widerruf Heinrich Dallmeyers, in dem er u. a. behauptete: *„… der treibende Geist in der Los-Angeles-Bewegung (ist) nicht der Geist Gottes, sondern ein Lügengeist."*

Mit dem Widerruf Dallmeyers stellte sich sein altes Herzleiden wieder ein. Sein Bruder August, der bei den Versammlungen selbst durch Manifestationen aufgefallen war, hatte schon kurz zuvor davon gesprochen, Opfer eines Lügengeistes geworden zu sein. Er verfasste eine Schrift „satan unter den Heiligen".

Ausgrenzung

Man muss sich bewusst machen, dass die Christen der damaligen Zeit in einer Gesellschaft und in einem politischen System lebten, das wir mit unserer heutigen Situation nicht vergleichen können. Das zweite Deutsche Reich war ein Regime, das von einem dämonisierten Psychopathen – Kaiser Wilhelm II. – geführt wurde. Bereits 1897 hatte ihn ein Psychiater als „nicht mehr zurechnungsfähig" bezeichnet. Es herrschte militärischer Prunk und maßlose Überbetonung des Militärs, Aufrüstung, grassierende politische Arroganz sowie Unterdrückung politischer Gegner. Es war ein zutiefst imperialistisches und in zahlreichen Bereichen schlichtweg widergöttliches System voller Egozentrik, Stolz und krankhafter Überheblichkeit – aus heutiger, christlicher Sicht betrachtet, im hohen Maße problematisch.

Das Deutsche Reich hatte ohne echte Notwendigkeit sehr spät damit begonnen, sich Kolonien anzueignen. Dort wurden Menschen brutal unterjocht und ausgebeutet. Traurige Berühmtheit erlangt hat zum Beispiel der Völkermord an den schwarzen Herero im heutigen Namibia durch deutsche Kolonialtruppen 1904 oder die grausame Niederschlagung des Boxeraufstandes 1900 in China. In den Jahren 1905 und 1906 – letzteres war das Jahr, in dem es in Los Angeles zur Ausgießung des Heiligen Geistes kam – gab es in Deutsch-Ostafrika in der Region des heutigen südlichen Tansanias den Maji-Maji-Aufstand. Vorsichtige Schätzungen gehen von 100.000 bis 120.000 Toten aufgrund der deutschen Truppenführung aus.

Deutsche betrachteten sich als Herrenmenschen, und das in ganz ausgeprägter Weise gegenüber den Schwarzen, die man grundsätzlich als zurückgeblieben ansah (Stichwort: „10 kleine Negerlein"). Denn man war Weltmacht. Und Deutschland war in vielen Gebieten tatsächlich weltweit führend, was zu einer unglaublichen politischen Blasiertheit, zu Arroganz und unverhohlenem Machtgehabe führte. Bis heute ist die Pickelhaube Symbol für preußischen Kadavergehorsam.

Gut zwei Jahre nach den Ereignissen in Kassel eskalierte die Diskussion um die Pfingstbewegung unter der Christenheit inmitten dieser „Wilhelminischen Ära". Während sich die neue Bewegung in den meisten Gemeinschaftsverbänden noch immer weiter ausbreitete, formierten sich zunehmend die Gegner der Bewegung.

Der entscheidende Impuls ging wohl von dem preußischen Ex-General und Evangelisten Friedrich Karl Hermann Georg von Viebahn aus (68 Jahre, Mitglied der Offenen Brüder). Er war Teilnehmer am Dänischen Feldzug 1864 und am Deutsch-Französischen Krieg 1870–71. Der Ex-General, wenn auch Christ und Evangelist, war letztlich als Kind seiner Zeit ein markanter Vertreter des gesellschaftlichen, militärischen und politischen Systems des Preußentums im damaligen Deutschland.

Nun kam die neue Pfingstbewegung nicht aus einer theologisch akzeptierten, angesehenen deutschen Institution, sondern war ein Aufbruch am anderen Ende der Erde, in den damals als unterentwickelt angesehenen USA (Stichwort: Wilder Westen), noch dazu aus einer Demokratie und noch dazu aus den untersten gesellschaftlichen Schichten. Und noch schlimmer: Der Leiter sollte ein Schwarzer sein, auch noch ein Einäugiger, der sein Auge durch eine Pockenepidemie verloren hatte. Und als ob das nicht schon genug war, er sei ein Sohn von Sklaven.

Und das sollte ernsthaft von Gott sein? Schwarze waren genau die zurückgebliebenen Leute, die man beherrscht, führt und missioniert, aber die man doch nicht als geistliche Leiter akzeptiert. All das erschien so absurd. Es war völlig gegen das Denken im Wilhelminischen Kaiserreich. Es war absolut „undeutsch".

Und genau das, dass es nicht „deutsch" war, war das eigentliche, ausgesprochene oder auch nicht ausgesprochene Hauptargument gegen den neuen Aufbruch. Er passte einfach nicht ins deutsche Bild. Er war zu „anders".

Eine Versammlung von Gegnern

Walter Michaelis, damals 43 Jahre alt, Pfarrer aus Bielefeld und amtierender Vorsitzender des Gnadauer Verbandes, berichtet in seiner Autobiographie „Erkenntnisse und Erfahrungen", dass General von Viebahn ihn auf einer Familienfeier besucht habe. Bei einem Spaziergang fragte ihn dieser: *„Können wir eigentlich länger zusehen, wie Brüder in immer weiterem Umfange in die Zungenbewegung sich hineinziehen lassen?"* (9)

General von Viebahn und Walter Michaelis vereinbarten ein Treffen mit dem bereits erwähnten Mitbegründer des Reichsbrüderbundes, dem 70-jährigen Evangelisten Johannes Seitz, der seine Beurteilung der Bewegung geändert hatte, sowie mit dem amtierenden Sekretär des Gnadauer Verbandes Leopold Wittekindt aus Wernigerode. Die vier Männer beschlossen, eine größere Versammlung von Gegnern der Pfingstbewegung einzuberufen.

---

(9) Walter Michaelis entstammte einer Juristenfamilie, die fest in das deutsche Beamtentum eingebettet war. Seine politische Position sowie seine Stellungnahmen und sein Verhalten in der Judenfrage waren als problematisch anzusehen. Er kandidierte bei den Stadtverordnetenwahlen in Bielefeld 1919 für die republikfeindlich gesinnte DNVP. Im Jahr 1928, nur fünf Jahre vor der Machtergreifung der Nazis, als er (erneut) Vorsitzender des Gnadauer Verbandes war, sprach er im Gnadauer Gemeinschaftsblatt sogar eine Wahlempfehlung für die DNVP aus. Die Deutschnationale Volkspartei (DNVP) war eine rechtskonservative Partei, deren Programm u. a. Nationalismus, Antisemitismus und monarchistischen Konservatismus beinhaltete. Die Partei kooperierte ab 1930 mit der NSDAP und ging 1933 in ihr auf. Sie war eine politische Strömung, die Hitler den Weg bereitete. Nach der Reichskristallnacht 1938 widerrief Walter Michaelis seine diversen Stellungnahmen.

Am 15. September 1909 erschienen zu dem angekündigten Treffen im St. Michael-Hospiz in Berlin 60 Männer. Es folgten 19 Stunden intensiver Verhandlung. Ein Ausschuss verfasste eine schriftliche Erklärung über die persönliche Meinung der Anwesenden betreffs der in ihren Augen bedenklichen Entwicklung. Nach einigen Abänderungen wurde schließlich als Ergebnis der Beratung die sogenannte „Berliner Erklärung" vorgelegt. 56 der anwesenden 60 Männer unterschrieben die Erklärung, 4 verweigerten ihre Unterschrift, darunter Graf Pückler.

Neben den genannten vier Initiatoren findet man die Namen des Gründers des deutschen EC, Friedrich Blecher; den CVJM-Präses Eberhard von Rothkirch (von Beruf Forstmeister) und den Evangelisten Elias Schrenk als einen, der konkrete Berührungspunkte mit der Bewegung hatte. Bei den 56 Männern handelt es sich keinesfalls ausschließlich um geistliche Leiter. Auch mehrere Gutsbesitzer, ein Kaufmann und ein Wiesenbaumeister zählen dazu. Die meisten Unterzeichner waren Pastoren. Alle 56 Männer gehörten zum Raum der Evangelischen Allianz, hingegen nur 31 von ihnen zum Gnadauer Verband. Die weiteren Unterzeichner waren u.a.: 5 Baptisten, 4 Offene Brüder, 4 Mitglieder der Freien evangelischen Gemeinden und 3 Methodisten (Evangelische Gemeinschaft).

Der 45-jährige Bernhard Kühn, Sekretär der Evangelischen Allianz und Mitglied der „Offenen Brüder" und Leopold Wittekindt, Gemeinschaftspastor und Sekretär des zu diesem Zeitpunkt selbst erst 12 Jahre alten Gnadauer Verbandes, galten als die „federführenden Brüder", also diejenigen, die die Erklärung formuliert hatten.

Eine private Meinungserklärung

Den Unterzeichnern war klar, dass es sich um eine private Meinungserklärung und keinesfalls um ein offizielles Papier des Gnadauer Verbandes oder gar der Allianz handelte. Es heißt, dass anfänglich auch der Vorsitzende des Gnadauer Verbandes, Michaelis, nicht unterzeichnen wollte, damit nicht der Eindruck entstünde, es würde sich um ein offizielles Dokument handeln. Allerdings ist er unter den 56 Unterzeichnern bereits mit aufgeführt.

Die Unterzeichner handelten – wie der Gnadauer Verband später immer wieder betonte – ohne offizielles Mandat ihrer Kirchen und Gruppen, sondern aus privater „seelsorgerlicher Verantwortung" heraus.

Das langjährige Vorstandsmitglied des Gnadauer Verbandes, Pfarrer Johannes Berewinkel, erklärte 1988 dazu: *„Die Berliner Erklärung ist nicht als eine offizielle Gnadauer Erklärung zu betrachten."*

Und der ehemalige Gnadauer Präses Christoph Morgner schrieb 1992: *„Sie stellt keineswegs so etwas wie eine Bekenntnisschrift der Gemeinschaftsbewegung dar, wie oftmals gedacht wird."* Weiter erklärt er: *„56 Brüder haben sich damals, zwar ohne offizielles Mandat ihrer Kirchen und Gruppen, wohl aber aus seelsorgerlicher Verantwortung heraus der Aufgabe unterzogen,* **in schwieriger Zeit, wo geistlich viel auf dem Spiel stand**, *ein klärendes Wort zu sprechen. Dieses Wort schaffte damals die erforderliche Klarheit, wenngleich sich dabei Trennungen ergaben bzw. schweren Herzens vorgenommen werden mussten ... Es war der Versuch, mit den irritierenden Phänomenen der aufbrechenden Pfingstbewegung geistlich wie theologisch umzugehen ...!"*

Um das Ganze richtig einzuordnen, sollten wir uns also bewusst machen:

Lediglich 56 Christen – die keinen repräsentativen Querschnitt der geistlichen Leiterschaft oder gar des Leibes Christi in Deutschland bildeten – unterzeichneten auf einer privaten Veranstaltung als Privatpersonen eine nicht offizielle, sondern rein private Stellungnahme.

Der ungekürzte Originaltext der Berliner Erklärung ist unter www.gottes-haus.de/specials/100-jahre-stagnation aufgeführt.

Der Inhalt der Berliner Erklärung

Einige Ausschnitte aus der Berliner Erklärung, die in dieser Kurzform allerdings etwas schärfer klingen, als wenn man sie in das ganze Dokument eingebettet liest, möchte ich zitieren:

„Die unterzeichneten Brüder erheben warnend ihre Stimme gegen die sogenannte Pfingstbewegung.

Die sogenannte Pfingstbewegung ist nicht von oben, sondern von unten; sie hat viele Erscheinungen mit dem Spiritismus gemein. Es wirken in ihr dämonen, welche, vom satan mit List geleitet, Lüge und Wahrheit vermengen, um die Kinder Gottes zu verführen. In vielen Fällen haben sich die sogenannten „Geistbegabten" nachträglich als besessen erwiesen.

An der Überzeugung, dass diese Bewegung von unten her ist, kann uns die persönliche Treue und Hingebung einzelner führender Geschwister nicht irre machen, auch nicht die Heilungen, Zungen, Weissagungen usw., von denen die Bewegung begleitet ist.

Der Geist in dieser Bewegung bringt geistige und körperliche Machtwirkungen hervor; dennoch ist es ein falscher Geist. Er hat sich als ein solcher entlarvt. Die hässlichen Erscheinungen wie Hinstürzen, Gesichtszuckungen, Zittern, Schreien, widerliches, lautes Lachen usw. treten auch diesmal in Versammlungen auf. Wir lassen dahingestellt, wie viel davon dämonisch, wie viel hysterisch oder seelisch ist – gottgewirkt sind solche Erscheinungen nicht.

Eine derartige Bewegung als von Gott geschenkt anzuerkennen, ist uns unmöglich ...

Wir bitten hierdurch alle unsere Geschwister um des Herrn und seiner Sache willen, welche satan verderben will: Haltet Euch von dieser Bewegung fern! Wer aber von Euch unter die Macht dieses Geistes geraten ist, der sage sich los und bitte Gott um Vergebung und Befreiung ...

Unsere feste Zuversicht in dieser schweren Zeit ist diese: Gottes Volk wird aus diesen Kämpfen gesegnet hervorgehen! ... Wenn jeder dem Herrn und seinem Worte den Platz einräumt, der ihm gebührt, so wird Er das Werk seines Geistes, das er in Deutschland so gnadenreich angefangen hat, zu seinem herrlichen, gottgewollten Ziele durchführen ..."

Stellungnahme zu Manifestationen

Inhaltlich befasst sich die Berliner Erklärung mit drei Schwerpunkten:

- Stellungnahme zu den aufgetretenen Phänomenen
- Stellungnahme zur überzogenen Heiligungslehre (Lehre des reinen Herzens), diese nimmt großen Raum ein
- Stellungnahme zur künftigen Beziehung zu pfingstlichen Kreisen. Die Christen werden gewarnt und aufgefordert, Konsequenzen zu ziehen.

Zunächst zu den Phänomenen, heute würden wir von Manifestationen sprechen.

Die „hässlichen Erscheinungen" sind ausgelöst von einem „falschen Geist" und „nicht gottgewirkt". Weissagungen werden mit der Übermittlung spiritistischer Botschaften verglichen, ja, die ganze Pfingstbewegung hat „viele Erscheinungen mit dem Spiritismus gemein". In ihr wirken dämonen, „von satan mit List geleitet". Pauschales Fazit: „Eine derartige Bewegung als von Gott geschenkt anzuerkennen, ist uns unmöglich!"

Der Gnadauer Verband hat sich viele Jahre später um eine Relativierung dieser Aussagen bemüht, indem man versuchte, die Bezeichnung „von unten" als „seelisch" zu interpretieren (so angeblich der damalige Sprachgebrauch in der Gemeinschaftsbewegung), nicht als dämonisch, auch wenn direkt im Anschluss von dämonen gesprochen wurde. Außerdem wies man darauf hin, dass bei der Herkunft der Manifestationen offen gelassen sei, wie viel davon dämonisch, wie viel hysterisch und wie viel seelisch sei. Die Berliner Erklärung sei demnach also nicht als eine pauschale dämonisierung der Pfingstbewegung zu verstehen.

Stellungnahme zur Lehre des reinen Herzens

Der mittlere Hauptteil des Textes befasste sich mit der sogenannten „Lehre des reinen Herzens". Bei dieser Lehre handelte es sich nicht um eine Sonderlehre der pfingstlich orientierten Kreise, sondern um etwas, was seit Jahren zum Allgemeingut der sogenannten Heiligungsbewegung gehörte. Diese in der Tat befremdliche Lehre betonte die Möglichkeit, dass Gläubige in einen Zustand der Sündlosigkeit gelangen können, sie demnach also nicht mehr sündigen würden. Das „reine Herz" werde vom Geist empfangen und sei die Voraussetzung für die Geistestaufe. Die damit verbundene Lehre sagt, dass es mehrere Stufen im Christsein gibt:

1. Stufe: Bekehrung, Wiedergeburt, Rechtfertigung

2. Stufe: gänzliche Reinigung von allen Sünden

3. Stufe: Geistestaufe

Diese Lehre wurde im Rahmen der Heiligungsbewegung in weitesten Bereichen der Gemeinschaftsbewegung und der Evangelischen Allianz seit Jahren gepredigt. Offensichtlich war es aber zu Aussagen pfingstlicher Vertreter, insbesondere von Jonathan Paul, gekommen, die eine extrem einseitige Sicht über die Möglichkeit, die Sündhaftigkeit des eigenen Lebens zu bezwingen, vertreten haben. Man ging davon aus, dass es möglich sei, dass die Sünde in einem begnadigten und geheiligten Christen ausgerottet sei. Als Beispiel einer solchen Lehre wird vom Gnadauer Verband eine Aussage Jonathan Pauls zitiert: *„Ich fühlte mich von jedem Hang zur Sünde erlöst ... Es hat keine Befleckung, weder durch Gedanken noch durch Hinreißung des Temperamentes seitdem bei mir stattgefunden. Es war weder bei Tag noch bei Nacht etwas Störendes zwischen den Herrn und mich getreten. Ich lebe in der seligen Tatsache, dass Jesus mein neuer Adam ist."*

Solche, als „perfektionistische Schwärmerei" bezeichneten persönlichen Empfindungen bildeten angeblich den Sockel für die heraufziehende Pfingstbewegung.

Letztlich kam es nicht zu einer weisen, sauberen, theologischen Auseinandersetzung, sondern zu verabsolutierter Ausgrenzung: Die Lehre ist widergöttlich, die Phänomene sind widergöttlich, ergo ist die ganze Bewegung widergöttlich. Pauschal wurde die gesamte Bewegung verurteilt.

Stellungnahme zur Beziehung mit „Pfingstlern"

So kam die Berliner Erklärung im dritten Schwerpunkt zum Fazit: „Haltet euch von dieser Bewegung fern! *Wer aber von euch unter die Macht dieses Geistes geraten ist, der sage sich los ...!*"

Bereits vorher wurde als einzige namentlich erwähnte Person über Pastor Paul gesagt: „*Wir ... können ihn als Führer und Lehrer in der Gemeinde Jesu nicht mehr anerkennen!*"

Die Berliner Erklärung verurteilte die aufgetretenen Phänomene pauschal (im besten Falle als seelisch, auf keinen Fall jedoch als göttlich). Sie kam zur Pauschallösung, radikal alle Kontakte zu den andersdenkenden Christen abzubrechen bzw. in Zukunft zu verweigern.

Die Berliner Erklärung ist die schärfste Verurteilung, die der Pfingstbewegung aus dem Kreis von Kirchen und Gemeinden weltweit jemals widerfahren ist. Es existiert weder ein Protokoll noch eine Urkunde der Erklärung.

Drei Monate später, im Dezember 1909, kam es zur sogenannten Barmer Erklärung. Die Berliner Erklärung wurde bestätigt und in 13 Punkten wurde eine klare Ablehnung der Pfingstbewegung als Werk eines Irrgeistes vorgenommen.

Die erste Resonanz

Bereits vor der Berliner Erklärung hatten sich auch von Seiten der Freunde der neuen Bewegung erste Tendenzen zur Separierung ergeben. Man veranstaltete im Dezember 1908 eine eigene deutsche Pfingstkonferenz in Hamburg und gab auch bald ein eigenes Blatt heraus, die Pfingstgrüße.

Im Juli 1909 – zwei Monate vor der Berliner Erklärung – fand in Mühlheim/Ruhr eine Konferenz statt, bei der, wie man sagte, der Geist Gottes über die Versammlung hereinbrach. Bei dieser Konferenz, die ein interessantes Gegenbeispiel zu den Gemeinschaftsversammlungen in Kassel ist und bei der es zu unterschiedlichsten Heilungen, Freisetzung der Gabe der Zungenrede und hellem Licht kam, das sich durch die Halle bewegte, verneinte Pastor Jonathan Paul entschieden, dass, wer nicht in Zungen spräche, den Geist nicht habe. Außerdem schreibt er: *„Auch freuen wir uns, dass uns der Herr vor auffallenden Szenen bewahrt!"*

Ende September 1909 kam es in Mühlheim/Ruhr zu einer Folgekonferenz mit internationalen Gästen. 2.500 Teilnehmer erhielten Teilnehmerkarten und an den Abendveranstaltungen waren laut „Neue Oberhäuser Zeitung" 6.000 bis 10.000 Besucher anwesend. Während dieser Konferenz wurde die 14 Tage zuvor erschienene Berliner Erklärung verlesen und noch während der Veranstaltung wurde am 29.9.1909 eine Antwort auf die Berliner Erklärung verfasst, die sogenannte Mühlheimer Erklärung. Dieser Text ist zu finden unter www.gottes-haus.de/specials/100-jahre-stagnation.

In dieser Deklaration wurden negative Randerscheinungen eingeräumt und das Bedürfnis zum Ausdruck gebracht, mit dem ganzen Volk Gottes in brüderlicher Verbindung bleiben zu können. Die Aufbrüche wurden jedoch klar als göttlich gegeben verteidigt.

Acht Monate später, im Mai 1910, kam es dann auf der Gemeinschaftskonferenz in Gnadau zum eigentlichen Zerbruch. 16 der dortigen Leiter sprachen sich bei 4 Enthaltungen gegen jeden (!) Kontakt zu Pfingstbrüdern aus. Der fast 80-jährige Elias Schrenk hielt einen entscheidenden Vortrag, in dem er u.a. sagte, dass Jonathan Paul ein lieber Bruder sei, aber biblisch unklar. Er würde sich mit Wesley decken und wie könne man sich nur auf einen Wesley berufen, gegen die Reformatoren, die württembergischen Väter usw.? Wörtlich sagte er weiter:

*„Wir haben mehr gründliche Theologie als die Engländer ... Wir müssen Hüter der lauteren Lehre bleiben". Die Dreistufentheorie (Bekehrung, Heiligung, Geistestaufe) müsse aufhören. Sie „ist durch und durch unbiblisch und gottlob auch durch und durch **undeutsch**."*

Er mahnte dann zu geistlicher Keuschheit, *„die sich fürchtet vor kalifornischer, norwegischer, englischer und holländischer Handauflegung".*

Eine verblüffende Eigendynamik

Nachdem die einst private Erklärung nun gewissermaßen doch offiziellen Status erhalten hatte, entwickelte sich eine verblüffende Eigendynamik, die in keiner Relation zum Anlass der Erklärung und dem nicht vorhandenen Mandat der Unterzeichner stand und einen weltweit in dieser Schärfe einmaligen Vorgang auslöste. Ich gehe nicht davon aus, dass die Unterzeichner die folgende Entwicklung auch nur erahnen konnten oder sich etwas Derartiges gewünscht haben.

Im deutschen Leib Christi kam es in den folgenden Monaten und Jahren vielerorts zu Verdächtigungen, Kritik, Ausgrenzungen und Übervorsichtigkeit im Umgang mit „pfingstlichen" Christen. Es kam zu Blockbildung, Solidarisierungszwängen und – auf beiden Seiten – zu bequemer Gefolgschaftsmentalität und der Übernahme von Standardurteilen. Die Erklärung zwang die erweckten deutschen Christen massiv, Stellung zu beziehen, ob sie es wollten oder nicht, ob sie es verstanden oder nicht, und ob sie die Spaltung geistlich mittragen konnten oder nicht.

Vielen Christen fiel dies schwer. So schrieb der bekannte Evangelist Ernst Modersohn, der maßgeblich in der Erweckung in Mühlheim an der Ruhr mitgewirkt hatte: *„Ich hätte viel darum gegeben, wenn ich klar und bestimmt auf eine der beiden Seiten hätte treten können. Aber ich konnte es nicht!"*

Plötzlich stand man als Christ vor der Entscheidung, für oder gegen den pfingstlichen Aufbruch zu sein. Ein Dazwischen gab es nicht. Innerhalb kurzer Zeit kam es zu einer Polarisierung unter dem gesamten Leib Christi in Deutschland.

Der weitaus größte Teil der deutschen Christen entschied sich gegen den pfingstlichen Aufbruch und in kurzer Zeit wurden mehr oder minder rigoros pfingstliche Tendenzen und Manifestationen untersagt. Bald war unter dem größten Teil der deutschen Christenheit alles „Pfingstlerische" tabu. Menschen, die im neuen Aufbruch das Wirken Gottes sahen, waren plötzlich Pfingstler und mussten vielerorts ihre bisherigen Gemeinden verlassen und sich in neuen Kreisen Gleichgesinnter zusammenfinden.

Die entstandene Kluft der Entzweiung zeigte sich trotz der immer wieder von verschiedenen Seiten aus initiierten Versöhnungsversuche als unüberbrückbar, selbst wenn noch zum Ende des Jahres 1910 auf der Gnadauer Konferenz in Vandsburg 38 geistliche Leiter, die die sogenannten „Neutralen" bildeten, den Unterzeichnern der Berliner Erklärung vorwarfen, sie hätten sich mit dem Urteil „von unten" geirrt.

Ernst Modersohn kritisierte den „Mangel sowohl an geschichtlichem Überblick wie einer Selbsterkenntnis, die aus der Krise zu wahrer Gesundheit hätte führen können".

Ein anderer der Neutralen, der Gründer der Zeltmission, Jakob Vetter, schrieb in der Zeitschrift „Zeltgruß" folgende Abschiedsworte an Jonathan Paul, als dieser aufgrund der Querelen seinen Dienst in der Zeltmission einstellte:

„Wir haben zusammen gelitten und gekämpft, und ich habe dich als einen erkannt, der Jesus lieb hat über alles. In ihm, dem Hochgelobten, bleiben wir verbunden, bis aller Neid und Streit ein Ende hat."

Doch die Polarisierung war bereits perfekt. Binnen weniger Jahre vollzog sich eine völlige Trennung, eine umfassende Entzweiung des Leibes Jesu. Der Forderung der Berliner Erklärung, sich von dieser Bewegung fernzuhalten und von dem dort wirkenden Geist loszusagen, hatten große Teile der deutschen Christenheit Gehorsam geleistet.

Was aber wäre, wenn dieser Geist, von dem man sich nun so deutlich, drastisch und umfassend losgesagt hatte, vielleicht doch der Heilige Geist war?

Falls das so wäre, würde das geistliche Folgen haben, die niemand auch nur im Entferntesten voraussehen könnte …

Kapitel 4

Unabsehbare Folgen

Die Berliner Erklärung gewann in den nächsten Jahren zunehmend den Stellenwert einer verbindlichen Erklärung der deutschen Christenheit gegenüber dem als sektenhaft angesehenen Randphänomen der Pfingstbewegung. Zahllose Gruppierungen nahmen sie für sich an, bestätigten sie immer wieder und erklärten sie als für sich gültig. Der Gnadauer Verband selbst bestätigte die Berliner Erklärung für sich in den Jahren 1934, 1945, 1956, 1972 und 1975. Man forderte ihn immer wieder auf, die Berliner Erklärung zurückzunehmen, doch dies ist unmöglich. Es handelt sich um ein geschichtliches Dokument, das ebenso wenig umkehrbar oder zurücknehmbar ist wie eine Kriegserklärung zum 1. Weltkrieg.

Im Bewusstsein der deutschen Christenheit wurde die internationale Pfingstbewegung jedenfalls über viele Jahrzehnte hinweg ausgeblendet und als Sekte diffamiert. Das begeistert erwartete und herbeigesehnte Wirken Gottes wurde, als es denn da war, nicht nur ignoriert und missverstanden, sondern bewusst, scharf und in aller Deutlichkeit als widergöttlich erklärt.

Bis zum heutigen Tag hat der Leib Christi in Deutschland nur in bescheidenem Umfang Anschluss an die im 20. Jahrhundert in der ganzen Welt aufbrechende, dynamische geistliche Entwicklung gefunden. Wenn man objektiv und ehrlich, mit weltweitem Horizont die Entwicklung in Deutschland betrachtet, muss man feststellen, dass diese Form des Wirkens Gottes zu sehr großen Teilen an Deutschland vorüberging. Aus Deutschland kamen im 20. Jahrhundert fast keine wegweisenden geistlichen Entwicklungen, ganz anders als in den Jahrhunderten zuvor mit Reformation, Pietismus, Missionsbewegung u.a. [10]

Wer das nicht glaubt, der sehe sich nur einen ganz normalen christlichen Buchkatalog an. Der weitaus größte Teil der Bücher sind aus dem Englischen übersetzt, die meisten von amerikanischen Autoren. Auch wenn wir dies nicht gerne hören und es sehr an unserer Ehre, unserem Ego und vielleicht auch unserer Theologie kratzt: Seit nunmehr über 100 Jahren stagniert die deutsche Christenheit.

Die Anzahl der bekehrten Christen liegt heute, nach meinem Kenntnisstand, nahezu identisch mit dem von 1909, was die absolute Zahl von etwa 1,5 Mio. Menschen betrifft. Damals gab es ca. 65 Mio. Menschen im Deutschen Reich, heute im flächenmäßig sehr viel kleineren Deutschland etwa 81 Mio. Seit 100 Jahren wird sozusagen der „Status quo" bei der Anzahl der Christen erhalten.

Verglichen mit dem geistlichen Leben in weiten Teilen der Welt fällt in der Christenheit in Deutschland bzw. ganz Mitteleuropa ein verblüffender Mangel an gesellschaftlicher Relevanz und an Effektivität in jedem Bereich auf. Evangelistische Aktivitäten aller Denominationen haben einen erschreckend geringen

---

(10) Reinhard Bonnke als pfingstlich geprägter Evangelist bildet hierbei eine beachtenswerte Ausnahme. Seine Arbeit in Afrika – zum derzeitigen Zeitpunkt haben fast 75 Mio. Menschen in Afrika auf seinen Großevangelisationen schriftlich dokumentierte Entscheidungen für Jesus Christus getroffen – wurde weltweit beachtet, in großen Teilen der Christenheit in Deutschland jedoch kritisch gesehen und verunglimpft. Er erreichte Afrika, aber nicht Deutschland. Sein einzigartiger Dienst wird nicht von einem Deutschen, sondern von dem Amerikaner Daniel Kolenda weitergeführt.

Wirkungsgrad und über die Jahrzehnte hinweg haben wir uns
in einem gewissen Maße daran gewöhnt. Die Gemeinden
sind klein und führen häufig ein Schattendasein in einer völlig
widergöttlichen Gesellschaft, die vom Christentum keine
Antworten und Lösungen der aktuellen Lebensfragen erwartet.
Christen gelten als Exoten in unserer Gesellschaft. Die Gebete
von Generationen deutscher Christen scheinen nur minimale
Auswirkungen gebracht zu haben.

Der Vorwurf der Berliner Erklärung ist in keinem Land der
Welt in vergleichbarer Weise erhoben worden. Fast überall ist
der Vorwurf, dass die Pfingstbewegung „von unten" sei – egal,
ob dies nun als seelisch oder dämonisch verstanden wird –
völlig unbekannt und undenkbar. Es gab zwar, international
gesehen, an vielen Orten durchaus Vorbehalte und einige
namhafte Leiter, wie zum Beispiel Dr. Torrey, stellten sich gegen
die Bewegung. Schärfe, Konsequenz und vor allem Folgeerscheinungen sind jedoch in Deutschland einmalig.

Gottes Volk – ohne geistliche Einheit

Meiner persönlichen Meinung nach entwickelte sich die
Spaltung, die sich damals aufgrund des Streites um das Wirken
des Heiligen Geistes ergab, weil es nicht den gesellschaft-
lich-kulturellen Vorstellungen innerhalb des deutschen Kaiser-
reiches unter Wilhelm II. entsprach, zu einem gigantischen
Fluch für Deutschland.

Ich bin überzeugt, dass ein großer Teil der deutschen Christenheit in den Jahren nach der Berliner Erklärung tatsächlich
den Heiligen Geist und sein Wirken ablehnte.

Das erinnert mich an Markus 6,49-52, wo die Jünger den auf
dem See wandelnden Jesus für ein Gespenst hielten, denn –
so der Text – ihr Herz war verhärtet.

Sie aber sahen ihn auf dem See einhergehen und meinten, es sei ein Gespenst, und schrien auf; denn **alle sahen ihn und wurden bestürzt***. Er aber redet sogleich mit ihnen und spricht zu ihnen: Seid guten Mutes! Ich bin es. Fürchtet euch nicht! Und er stieg zu ihnen in das Boot, und der Wind legte sich. Und sie entsetzten sich sehr über die Maßen; denn sie waren durch die Brote nicht verständig geworden, sondern* **ihr Herz war verhärtet***.

Ganz nach der Forderung der Berliner Erklärung, sich von der Macht dieses Geistes loszusagen, verlor die deutsche Gemeinde tatsächlich die Macht und Kraft des Heiligen Geistes. Die pauschale Ablehnung des Heiligen Geistes bewirkte seinen Rückzug aus weiten Kreisen geistlichen Lebens.

Durch die entstehende Trennung spaltete sich der gesamte Leib Christi der Nation innerhalb einiger Jahre komplett in zwei weitgehend separate Teile, die kaum miteinander kommunizierten. Es war, als ob eine unüberwindbare Mauer dazwischenstehen und den Leib Jesu entzweien würde. Die geistliche Einheit und die damit verbundene geistliche Kraft, Vollmacht und Autorität des Volkes Gottes war nachhaltig zerstört.
Ich glaube, dass der Leib Christi in Deutschland in der Folge ab 1909 seine bis dahin über Jahrhunderte innehabende Position als geistliches Korrektiv gegen die zerstörerischen Mächte der Finsternis verlor.

Des geistlichen Schutzes beraubt

Loren Cunningham, der Gründer von „Jugend mit einer Mission", schreibt im Buch „Los jetzt – ein Handbuch für die Mission" in seinem Artikel über Deutschland:

„Die geistliche Kraft bibelgläubiger Christen war aufgrund tiefer Spaltung unter den Christen größtenteils neutralisiert worden ... Ich persönlich glaube, dass der Geist Gottes zutiefst betrübt war.

Und sicherlich wurde das geistliche Potential der Gemeinde Jesu Christi in Deutschland ausreichend neutralisiert, so dass sie die bevorstehende Flutwelle des Bösen nicht aufhalten konnte. Wie ließe sich sonst erklären, dass ein Land, in dem es betende Christen gab, innerhalb von nur 25 Jahren zwei Weltkriege auslöste? Die Ursache liegt in der Tatsache, dass diese Christen gespalten und dadurch machtlos geworden waren."

Deutschland, nun von satanischen Kräften gesteuert, schlitterte sehr schnell – nur fünf Jahre nach der Berliner Erklärung – in die Urkatastrophe des 20. Jahrhunderts, den Ersten Weltkrieg mit seinem unsagbaren Elend. Es folgte die verworrene Zeit der Weimarer Republik mit allgemeiner wirtschaftlicher, gesellschaftlicher, politischer Irritation und allgemeinem Verfall (das Parlament zog von Berlin nach Weimar, weil das Chaos in der Hauptstadt und die Gefahr eines Umsturzes zu groß war) und dann als grausamer Höhepunkt die Nazi-Herrschaft.

Auf den Tag genau 24 Jahre (2 x 12) nach der Berliner Erklärung beschloss und verkündete der Reichstag 1935 die Nürnberger Rassengesetze. Diese raubten Deutschlands Juden das Recht, ein öffentliches Amt innezuhaben. Außerdem wurden Ehen zwischen Juden und Nichtjuden verboten. Die Hakenkreuzflagge wurde an Stelle der schwarz-rot-goldenen Flagge der Weimarer Republik zur Nationalflagge des Deutschen Reiches.

30 Jahre nach der Berliner Erklärung brachen im zweiten Weltkrieg nie gesehene Wellen der Vernichtung über die Erde herein. Gesteuert wurde diese dämonische Vernichtung von Berlin aus, von wo aus auch der Holocaust durch die Wannsee-Konferenz initiiert worden war.

Deutschland hätte nach Gottes Absichten im 20. Jahrhundert vermutlich nach Reformation und Pietismus wieder eines der

Segenszentren der Welt werden können, doch stattdessen wurde es zu einem Fluch für unsagbar viele Menschen weltweit.

Interessant ist, dass die deutsche Nation nach dem 2. Weltkrieg im Natürlichen in zwei Teile, Ost- und Westdeutschland, geteilt wurde. Eine im Geistlichen geteilte Christenheit und ein im Natürlichen geteiltes Land. Das in zwei verfeindete und kaum miteinander kommunizierende Teile gespaltene Land war ein unübersehbar deutliches, ja, geradezu prophetisches Zeichen. Und was war das markanteste, jahrzehntelang unumstößlich feststehende Symbol dieser weltweit einzigartigen Trennung? Man nannte es die Berliner (!) Mauer.

Die Pauschalverurteilung war falsch

Abweichend vom Urteil der Berliner Erklärung erfuhr die Pfingstbewegung eine weitgehend andere Entwicklung, als man warnend prognostiziert hatte. Von einer einheitlich schwärmerischen, unnüchternen Position der Pfingstbewegung kann weder international noch in Deutschland die Rede sein. Einseitige Positionen und fehlerhafte Lehrinhalte – die durchaus vorhanden waren – wurden im Laufe der Zeit korrigiert. Weltweit hat sich die Pfingstbewegung als „von oben" erwiesen. Völlig selbstverständlich sind Pfingstverbände in der ganzen Welt in die jeweiligen evangelischen Allianzen integriert und ein entscheidender Teil der evangelikalen Christenheit.

Es gibt Untersuchungen, die davon ausgehen, dass etwa 85 % aller heutigen missionarischen, evangelistischen Projekte und Aktivitäten weltweit in irgendeiner Form auf den pfingstlichen Aufbruch vor über 100 Jahren zurückgehen. Wo wäre die Christenheit heute, wenn es diesen Aufbruch nicht gegeben hätte?

Die dynamischsten Bewegungen und Aufbrüche der evangelikalen Christenheit heute kommen aus dem pfingstlichen oder charismatischen Lager, ebenso die größten und am schnellsten wachsenden Gemeinden. Fast jeder zehnte Mensch auf der Welt ist heute ein pfingstlicher oder charismatischer Christ – derzeit sind es bereits mindestens 630 Millionen. [11]

Die Pauschalverurteilung der Verfasser der Berliner Erklärung erwies sich also, rückblickend betrachtet, als falsch.

Vertrauenserklärung

Immer wieder gab es Bemühungen, die Einheit unter den Christen in Deutschland wiederherzustellen. Viele Jahrzehnte war ihnen kein durchschlagender Erfolg beschieden. Besonders hervorzuheben ist die „Initiative Berliner Erklärung" des Evangelisten Herbert Masuch ab 1995 als eine Buß- und Fürbittebewegung. Bereits in den 70er-Jahren kam es zu wiederholten Gesprächen zwischen Allianz und der Leitung des BfP (Bund freikirchlicher Pfingstgemeinden). 1980 wurde ein „gemeinsamer Zwischenbericht" formuliert. Ab 1994 wurden die Gespräche intensiviert. Am 18.06.1996 kam es zu einer „Vertrauenserklärung" zwischen der deutschen Allianz und den im BfP zusammengeschlossenen Pfingstgemeinden. Diese interessanterweise in

---

(11) Die Zahl der pfingstlichen und charismatischen Christen:
Die christliche Zeitschrift „Christianity Today" www.christianitytoday.com schreibt im August 2011, dass es weltweit 600 Mio. Pfingstler gibt, die etwa 25% der Weltchristenheit stellen. In dem Bericht werden Charismatiker nicht separat erwähnt.
In einer Untersuchung (Status of Global Mission, 2014) des Gordon Conwell Seminars www.gordonconwell.edu geht man Mitte 2014 von etwas über 630 Mio. „Pfingstlern, Charismatikern und Neocharismatikern" aus.
Hier werden Pfingstler und Charismatiker zusammengefasst, allerdings sind Evangelikale und sonstige kirchliche Gruppierungen, in denen es ja auch zahlreiche geisterfüllte Geschwister gibt, noch nicht mit aufgeführt. In 10 Jahren, 2025, rechnet man mit knapp 800 Mio. Dementsprechend wird die Wachstumsrate dieser Gruppe mit 40.000 Personen pro Tag (!) angegeben.

Kassel verfasste „Kasseler Erklärung" heißt pfingstlich-charismatische Gruppen in den örtlichen Allianzen willkommen.

Die Pfingstgemeinden brachten darin zum Ausdruck, dass sie die Glaubensgrundlagen der Evangelischen Allianz komplett bejahen und, um des gemeinsamen Zeugnisses und des Dienstes willen, unterschiedliche Lehrmeinungen und spezifische Formen der Frömmigkeit im Rahmen der Allianzarbeit zurückstellen. Es wurden die gemeinsamen Übereinstimmungen im Hinblick auf die Lehre über den Heiligen Geist und die Charismen betont und anschließend schriftlich dargestellt. Die Erklärung ist unter *www.gottes-haus.de/specials/100-jahre-stagnation* wiedergegeben.

Deutlich wird mitgeteilt, dass sich, auch wenn die Vereinbarung zunächst mit dem BfP geschlossen wurde, charismatische Gruppen, die die Basis dieser Vereinbarung bejahen, ohne weiteres ebenfalls der Allianz anschließen können. Etwa 4 Monate später stellte sich das Forum Freikirchlicher Pfingstgemeinden (FFP) einstimmig hinter diese Erklärung. Dieser von Teilen der christlichen Presse als „Jahrhundertereignis" gefeierte Vorgang war ohne Zweifel ein gewaltiger Schritt auf eine Wiederherstellung des gesamten Leibes Christi in Deutschland zu.

Anfang des Jahres 2009, fast 100 Jahre nach der Berliner Erklärung, kam es zu einer gemeinsamen Erklärung des Gnadauer Verbandes und des Mühlheimer Verbandes. Beide Verbände sehen sich durch die Berliner Erklärung sowie die Mühlheimer Erklärung „in besonderer Weise" als „Nachfolger der damals betroffenen und verantwortlichen Personen". Der Text ist auf *www.gottes-haus.de/specials/100-jahre-stagnation* aufgeführt. Im Text heißt es:

„Diese historischen Dokumente haben jedoch für das gegenwärtige Miteinander von Gnadauer und Mülheimer Verband keine Bedeutung. Wir wissen, dass in der jeweils anderen Bewegung der Geist Jesu Christi wirkt ... Wir sind dankbar für bereits entstandene Formen der Zusammenarbeit zwischen unseren Gemeinschaften und Gemeinden. Wir wollen diese weiter fördern. Die gemeinsame Basis der Evangelischen Allianz bietet dafür eine tragfähige Grundlage."

Kapitel 5

Aus der Katastrophe erblüht die Erlösung

Im Judentum gibt es einen Spruch, der die Erfahrungen von Jahrtausenden schmerzhafter Geschichte auf einen Punkt bringt und gleichzeitig Hoffnung ausdrückt: *„Aus der Katastrophe erblüht die Erlösung".*

Diese Aussage, die sich beispielsweise darin bewahrheitete, dass erst aus der unfassbaren Katastrophe des Holocausts heraus die Gründung des Staates Israel möglich wurde, entspricht zutiefst der Botschaft des Neuen Testaments. Aus der Katastrophe des Kreuzestodes Jesu heraus erblühte mit seiner triumphalen Auferstehung die Erlösung für jeden einzelnen Christen auf der ganzen Welt. Die Aussage entspricht dem Herzen der christlichen Botschaft. Das, was zunächst wie eine unumkehrbare Niederlage, wie das endgültige Aus aussieht, wird zum Samen des Neubeginns.

Ein interessantes Beispiel für eine Katastrophe, die letztlich eine weitreichende Erlösung mit sich brachte, ist die bekannte biblische Geschichte von Josef in 1. Mose, Kapitel 37-50. Zunächst begegneten Josef aufgrund des übernatürlichen Eingreifens Gottes durch die Träume, die Gott ihm schenkte, der Neid und die Missgunst der eigenen Brüder. Er wurde seines vom Vater überreichten, bunten Mantels beraubt, was ein interessanter geistlicher Aspekt ist, denn er steht für Autorität,

Macht, Status und Schutz. Er kam nach Ägypten, dem „Schmelzofen", wie das Land mehrfach in der Bibel genannt wird, einem Bild für die Welt. Nach einigen Tiefschlägen landet er letztlich innerhalb der Welt auch noch im Gefängnis. Seine Situation war mehr als furchtbar, sie war entsetzlich hoffnungslos. Menschlich gesehen war er am absoluten Ende. In der widergöttlichen Gesellschaft Ägyptens war Josef ein gescheiterter Exot, der ohne jegliche weitere Bedeutung und völlig ungeachtet seiner göttlichen Berufung irgendwie am Rande existierte.

Viele Jahre vergingen. Und ebenso wie das Unglück einst aus heiterem Himmel über ihn hereingebrochen war, so überschlugen sich nach Jahren der Stagnation urplötzlich unerwartet erneut die Ereignisse. Schlagartig wurde er aus der Ohnmacht des Gefängnisses herauskatapultiert und kam unverhofft in eine Position kaum zu überbietender Macht und Verantwortung hinein. Es war ein Wechsel, wie er extremer nicht hätte stattfinden können.

All das, was über viele Jahre so unsagbar schlecht und hoffnungslos ausgesehen hatte, all die Ohnmacht, verwandelte Gott souverän in etwas Gutes für alle Beteiligten – inklusive den Ägyptern. Durch Josephs Arbeit in den folgenden Jahren wurden Menschen einer riesigen Region vor dem sicheren Hungertod bewahrt. Jahre später konnte Josef zu seinen Brüdern sagen:

*Ihr zwar, ihr hattet **Böses** gegen mich beabsichtigt; Gott aber hatte beabsichtigt, es zum **Guten** zu wenden ...*
1. Mose 50,20

Erinnert uns das nicht an die Situation des Leibes Jesu in Deutschland? Gott schenkte ein übernatürliches Eingreifen. Doch plötzlich, von unerwarteten Ereignissen hin- und hergeworfen, die nicht dem entsprachen, was man erwartet und verheißen bekommen hatte, landete man aufgrund der eigenen Brüder trotz aller Treue an einem Ort der Ohnmacht und Machtlosigkeit. Der vom Vater anvertraute Mantel der Autorität war geraubt und Jahre des Ausharrens folgten, in denen kaum etwas zu sehen war und alles nur noch viel schlimmer zu werden schien. In einer widergöttlichen Gesellschaft galt man völlig ungeachtet der göttlichen Berufung als Exot, der keine weitere Bedeutung besitzt. Von „gesellschaftlicher Relevanz" und einem effektiven Dienst konnte kaum eine Rede sein. Die verheißene Berufung schien ein unmöglich gewordener Traum aus längst vergangener Zeit zu sein, vollkommen unrealistisch.

Doch Josefs Story geht weiter ... und so wird auch die Geschichte des Leibes Jesu in der deutschsprachigen Welt weitergehen. Irgendwann wird es urplötzlich, ohne es wirklich voraussehen oder erwarten zu können, zu einem Eingreifen Gottes kommen und unversehens befindet sich der Leib Jesu an einem Ort von Vollmacht, Autorität und Verantwortung, die das, was man seit Jahrzehnten erfahren hat, in gewaltiger Weise übersteigt. In der neu anvertrauten Position der Herrschaft erwartet Gott, dass man für die Menschen einer riesigen Region eintritt, ihnen dient und sie letztlich vor dem sicheren ewigen Tod bewahrt.

Und die Sache mit den Brüdern kommt irgendwann auch zu einem versöhnlichen Ende.

Vom Saulus zum Paulus

Eine weitere biblische Person ist mir in dieser Hinsicht außerordentlich wichtig und ich glaube, dass die Geschichte dieser Person die Situation des Leibes Jesu in Deutschland sogar noch weitaus präziser beschreibt, als es bei Josef der Fall ist.

Es ist der Apostel Paulus und für mich ist er geradezu ein „Typus" für das, was wir in Deutschland erlebt haben. Bei ihm sehen wir ebenfalls sehr deutlich, wie aus der Katastrophe seines eigenen Lebens Erlösung für Viele erblühte.

Als brillanter junger Mann mit hervorragender Ausbildung und tiefer Hingabe an das, was er als richtig erachtete, verfolgte Saulus das Volk Gottes, die Christen, voller Hass und Raserei. Er hetzte sie, warf sie ins Gefängnis und ließ sie töten. All das aus einem tief sitzenden religiösen Eifer heraus. Wenn es irgendeine Person auf dem Globus gab, die für die damaligen Christen ein echtes, lebensbedrohliches Problem war, dann war er es. Keines der damaligen Kinder Gottes wäre wohl im Traum darauf gekommen, dass sich Gott ausgerechnet diesen Mann als Werkzeug auswählen würde, um sein Wort den Nationen zu verkündigen, einen großen Teil des Neuen Testamentes zu verfassen und seine Gnade in dramatischer Weise deutlich zu machen. Im Gegenteil – wenn es irgendjemanden gab, der sich für solch eine Position umfassend disqualifiziert hatte, dann war es Saulus. Er war die treibende Kraft der ersten Christenverfolgung, denn es heißt, dass die Gemeinde, nachdem sich Saulus durch das übernatürliche Eingreifen des Herrn bekehrte, Frieden hatte:

Barnabas aber nahm ihn [Saulus] und brachte ihn zu den Aposteln ... So hatte denn die Gemeinde durch ganz Judäa und Galiläa und Samaria hin Frieden und wurde erbaut und wandelte in der Furcht des Herrn und mehrte sich durch den Trost des Heiligen Geistes. Apostelgeschichte 9,27+31

Eine unerwartete Begegnung mit Jesus Christus, die vielleicht nur 60 Sekunden lang dauerte, reichte aus, um sein gesamtes Leben komplett auf den Kopf zu stellen. Gott zeigte der Welt durch ihn, was es heißt, wahrhaft gnädig zu sein. Er wurde zum großen Segen für die ganze Welt und breitete das Reich Gottes in der damals bekannten Welt in beispielloser geistlicher Vollmacht aus.

Ist die Story Deutschlands nicht ganz ähnlich? Deutschland, ein brillantes Land mit hervorragender Ausbildung – das Land der Dichter und Denker – und mit einer tiefen Hingabe an das, was man als richtig erachtet, verfolgte unter dem Nazi-Regime das Volk Gottes, die Juden, voller Hass und Raserei. In nie gekannter Weise hetzte es sie, warf sie ins Gefängnis und ließ sie töten. All das aus einem tief sitzenden dämonischen Eifer heraus. Wenn es irgendein Land auf dem Globus gab, das für die damaligen Juden ein echtes, lebensbedrohliches Problem war, dann war es Deutschland. Kein geistlich denkender Mensch dieser Erde würde wohl darauf kommen, dass sich Gott ausgerechnet dieses Land als Werkzeug auswählt, um sein Wort den Nationen zu verkündigen und seine Gnade in einer solch dramatischen Weise deutlich zu machen, wie sie die Welt noch nicht gesehen hat. Im Gegenteil – wenn es irgendein Volk, irgendeine Nation gab, die sich für solch eine Position umfassend disqualifiziert hatte, dann war es Deutschland.

Ich bin davon überzeugt, dass eine unerwartete Begegnung mit Jesus Christus ausreichen wird, um dieses Land komplett auf den Kopf zu stellen. Gott wird durch die deutschsprachigen Nationen der Welt zeigen, was es heißt, wahrhaft gnädig zu sein. Sie werden zum großen Segen für die ganze Welt werden und das Reich Gottes in beispielloser geistlicher Vollmacht ausbreiten.

Was mir den unerschütterlichen Glauben für diese tiefe Überzeugung gibt, das ist Inhalt des folgenden 2. Teils dieses Buches.

Wo aber die Sünde zugenommen hat, ist die Gnade überreich geworden.
Römer 5,20

Teil 2

Was Gott uns verheißt ...

Einleitung

Wenige Monate vor dem Mauerfall in Berlin weissagte der Amerikaner Loren Cunningham öffentlich, dass Deutschland wiedervereinigt werden würde. Die natürlichen Umstände und die politische Situation sahen in keiner Weise danach aus und er wurde von Menschen aus ganz Deutschland dafür getadelt und verspottet. Zu lachhaft und unrealistisch erschien seine Weissagung, zu weit von den Gegebenheiten der Realität entfernt. Dennoch sollte er Recht behalten. Die Nation Deutschland wurde nach Jahrzehnten der Trennung wiedervereinigt und die Berliner Mauer fiel zu einem Zeitpunkt, als es niemand für möglich hielt.

Ich möchte einen Artikel von ihm mit dem Titel „Deutschlands Bestimmung" auszugsweise zitieren:

> „Gott hat ... gesehen, wie dieses Land missbraucht und verletzt wurde. Gott hat die Verwirrung gesehen. Sein Herz ist zerbrochen, weil er dieses Land so sehr liebt und weil es die ursprüngliche Bestimmung, die er ihm zugedacht hatte, verfehlt hat ... Ich glaube, dass im Herzen Gottes Deutschland seinen besonderen Platz hat. Er möchte es wiederherstellen und es zu der Bestimmung zurückführen, die er von Anfang an für Deutschland im Blick hatte ...
>
> In der Bibel lesen wir, dass Gott die Gaben und Berufungen, die er gibt, nicht bereut (Römer 11,29). Gott hat Deutschland die Berufung und Begabung gegeben, andere Nationen auf der ganzen Welt positiv zu beeinflussen.
>
> Ich bin sicher, dass der satan voller Wut war über die Erweckungsbewegung der Herrnhuter und über den Segensstrom von Missionaren, die Deutschland in die

ganze Welt aussandte. Er sah die Dynamik dieser Nation und entschloss sich, Deutschland lahmzulegen. Als er zum Gegenangriff überging, setzte er gerade die Stärken und Begabungen der Deutschen ein: Er benutzte ihre Fähigkeiten und pervertierte sie durch intellektuellen Stolz; und so gelang es ihm, die ganze Welt zu vergiften ...

Der Triumph des satans über Deutschland hat sein Ende gefunden. Gott möchte auch Deutschland aus dem „Grab" auferwecken und Deutschlands Aufgabe und Bestimmung wiederherstellen.

Es war ein Gedanke Gottes, dass Ost- und Westdeutschland 1990 ihre Wiedervereinigung erleben sollten. Und nun sagt er zu euch, dass die Zeit der Trauer vorbei ist. Ihr seid durch eine sehr dunkle Zeit gegangen, nun aber kommt ihr wieder ins Licht. Es wird Zeit, dass ihr eure Aufgabe, eine dienende Führungsrolle einzunehmen, wieder entdeckt und dass ein Einfluss auf die Nationen, der sich an dem Willen Gottes orientiert, von euch ausgeht. Eure Missionare mit ihrem hingebungsvollen Einsatz haben uns sehr gefehlt. Es ist Zeit, dass ihr zurückkommt und eure Berufung, die Gott euch anvertraut hat, wieder aufnimmt – so wie damals Elisa den „Prophetenmantel" aufgenommen hat (1. Könige 19,19) ...

Die Spaltungen der Vergangenheit sollen überbrückt werden. Intellektueller Stolz wird ersetzt durch Demut und Liebe zueinander. Mehr und mehr Evangelisten stehen auf. Dieses Land mit einem großen Herzen für die Nationen wird noch einmal die ganze Erde mit Bibeln, einer neuen Reformation, Erweckungsbewegungen, Gebet für die Nationen und die Aussendung von Missionaren zu jedem Kontinent segnen." (Loren Cunningham)

Die Ernte ist die Vollendung des Zeitalters

Während meiner Beschäftigung mit prophetischen Aussagen über das kommende Wirken Gottes stellte ich sehr bald fest, dass – genau wie Loren Cunningham es formuliert hatte – Deutschland im Herzen Gottes ganz offensichtlich einen besonderen Platz besitzt. Er möchte es tatsächlich wiederherstellen und zu seiner eigentlichen, ursprünglichen Bestimmung zurückführen, die er von Anfang an für die Nation im Blick hatte.

Zweifellos hat Gott uns als den Menschen der deutschsprachigen Welt besondere Gaben und Fähigkeiten gegeben. Ich bin überzeugt, dass er uns auch eine ganz spezifische, besondere Berufung gegeben hat. Wenn Gott nun die Berufungen, die er einmal gegeben hat, weder bereut noch zurücknimmt (Römer 11,29), dann muss die eigentliche Erfüllung dessen, was Gott in Deutschland tun will, noch vor uns liegen.

Ich glaube, dass Gott Deutschland zu Beginn des 20. Jahrhunderts eine gewaltige geistliche Aufgabe anvertrauen wollte. Er wollte in der Tat die Nation zum Segen für die Welt gebrauchen. Die Ausrüstung mit der Kraft des Heiligen Geistes war dazu der entscheidende Schlüssel. Doch wie im ersten Teil dieses Buches dargelegt, gelang es dem feind durch seine Verführung, die deutsche Christenheit drastisch zu schwächen, zu entzweien und damit weitgehend zu neutralisieren. Deshalb steht Gottes eigentliche Berufung noch aus. Gottes Auftrag für Deutschland, Österreich und die Schweiz ist noch zu erfüllen. Es gibt noch etwas zu tun für die deutschsprachigen Nationen. Gott hat noch etwas vor mit uns.

Damit wir als Volk Gottes verstehen, was es ist, was er für uns vorbereitet hat und was unser zukünftiger Auftrag ist, den wir mit seiner Hilfe und unter der Führung des Heiligen Geistes zu erfüllen haben, muss er es uns in einer Weise mitteilen, die wir verstehen und die auch unmissverständlich deutlich ist. Nun sind Gottes Möglichkeiten, mit uns als seinen Kindern zu kommunizieren, durchaus vielfältig. Doch wenn es darum geht, etwas besonders Wichtiges, den ganzen Leib Jesu Betreffendes mitzuteilen, dann ist Prophetie die wichtigste Art, wie er mit uns redet. Die Bibel fordert uns deutlich auf, Prophetie nicht zu verachten. Warum? Weil wir in der Gefahr stehen, genau das zu tun und sie leichtfertig als Wunschdenken, als unrealistisch, als schiere Fantasterei abzutun. Diesem Problem sah sich schon nahezu jeder der Propheten im Alten Testament gegenüber. Deshalb fordert uns die Bibel auf:

Den Geist dämpft nicht. Prophetische Rede verachtet nicht. Prüft aber alles und das Gute behaltet.
1. Thessalonicher 5,19-21

Prophetische Aussagen sind von größter Wichtigkeit, wenn es darum geht, Dinge aus der Perspektive Gottes heraus zu sehen. Situationen und Umstände so zu beurteilen, wie Gott sie beurteilt – und eben nicht aus unserem gefallenen Verstand heraus. Prophetien helfen uns, den richtigen Blickwinkel zu bekommen und über unseren eigenen kleinen, beschränkten Tellerrand hinauszuschen. Wir dürfen Prophetie nicht verachten. Wir dürfen den Heiligen Geist nicht dämpfen. Die Bibel verbietet uns, es zu tun.

Eine in der Hinsicht sehr bedeutsame Aussage teilt uns der Herr durch den alttestamentlichen Propheten Amos mit, die ich schon im Vorwort erwähnt habe. Er sagt, dass der Herr nichts (!) tut, ohne es durch Propheten zu offenbaren:

Denn der Herr, HERR, tut nichts, es sei denn, dass er sein Geheimnis seinen Knechten, den Propheten, enthüllt hat.
Amos 3,7

Wenn Gott also etwas Großes tun möchte, wenn er eine große Bewegung plant, wenn Dinge sich in dramatischer Weise verändern, dann sollte es im Vorfeld dazu verlässliche prophetische Aussagen geben. Und in der Tat, wenn man sich mit dem beschäftigt, was Gott international durch seine Knechte, die Propheten, verkündigt, so ist die Fülle dieser Aussagen mehr als überwältigend. Es gibt Hunderte, wenn nicht Tausende von Prophetien über eine kommende Bewegung des Herrn. Beeindruckende Veränderungen stehen uns bevor und Dinge, die derzeit noch völlig unverrückbar gelten, werden sich sehr plötzlich ändern – siehe die Sache mit der Berliner Mauer und der Wiedervereinigung Deutschlands.

Denn niemals wurde eine Weissagung durch den Willen eines Menschen hervorgebracht, sondern von Gott her redeten Menschen, getrieben von Heiligem Geist.
2. Petrus 1,21

Unzählige Christen auf der ganzen Welt erwarten, dass es vor der Wiederkunft Jesu eine große Ernte für das Reich Gottes geben wird. Denn Jesus sagt in Matthäus 13,39: *„Die Ernte aber ist die Vollendung des Zeitalters".* So rechnen sie mit einer „Seelenernte", mit einer Erweckung der Christenheit, einer großen Ausgießung des Heiligen Geistes, mit übernatürlichen Kraftwirkungen wie zur Zeit der Urgemeinde, einer gewaltigen Freisetzung von Zeichen und Wundern, großen Menschenscharen, die Jesus als ihren Herrn und Retter annehmen usw. Der Herr bestätigt dies durch eine schier unüberschaubare Anzahl prophetischer Aussagen, die sich seit einigen Jahren drastisch immer mehr verdichten. Im Wesentlichen handelt es sich um Aussagen über das, was der Herr weltweit tun wird. Doch es gibt auch zahlreiche spezifische Worte für die deutschsprachige Welt.

Weitreichender als Azusa

Bevor wir nun eine Auswahl dieser prophetischen Worte näher betrachten, möchte ich noch einmal in das Jahr 1909 zurückgehen. Es war das Jahr, in dem sich in Deutschland der Leib Jesu gerade in zwei Lager zu spalten begann, das Jahr der Berliner Erklärung. Genau in diesem Jahr schenkte der Herr eine gewaltige Prophetie. Er gebrauchte dazu als Sprachrohr William Seymour und Charles Fox Parham, die beiden Werkzeuge, die er maßgeblich als Initiatoren dazu genutzt hatte, die Pfingstbewegung auf der Welt freizusetzen, deren „Hotspot" die Azusa-Street in Los Angeles war. Beide Männer, Seymour und Parham, gaben in diesem Jahr 1909 eine übereinstimmende Prophetie weiter. Sie sagten:

> In etwa 100 Jahren wird die Schekina-Herrlichkeit zurückkehren und eine Erweckung entfachen, die die Azusa-Erweckung übertreffen wird.

Im Jahr 1910 bestätigte William Seymour diese Prophetie nochmals nachdrücklich:

> In etwa 100 Jahren wird es eine Ausgießung des Geistes Gottes und Seiner Schekina-Herrlichkeit geben, die größer und weitreichender sein wird als das, was man in Azusa erlebt hat. [12]

---

(12) Der Begriff Schekina beschreibt die „Einwohnung Gottes" in der natürlichen Welt. Das Wort leitet sich vom hebräischen schakan ab: sein Lager aufschlagen, sich niederlassen. Die Präsenz Gottes auf der Erde wurde im Judentum schon zur Zeit des Alten Testamentes als Zelten, Wohnen und Lagern verstanden, so auch in der Stiftshütte und dem Tempel. Es ist die sichtbare Anwesenheit Gottes inmitten von Raum und Zeit, eine Offenbarung seiner Herrlichkeit in unserer natürlichen Welt, in der Regel als Lichtschein oder strahlende Wolke wahrgenommen, zum Beispiel bei der Verklärung Jesu.

Kapitel 1

Worte für Deutschland

Eine heiße, leuchtende, brennende Flut des Heiligen Geistes

Der amerikanische Prophet Don Franklin wurde vom Herrn geführt, in den Morgenstunden des 1. September 2009, auf die Stunde genau 70 Jahre nach dem Beginn des Zweiten Weltkrieges (bekannt ist die Meldung des Nazi-Regimes: „Seit 5 Uhr 45 wird jetzt zurückgeschossen!"), in einer Konferenzschaltung einige deutsche geistliche Leiter anzurufen. Während dieses Telefonats kam es zu einer beeindruckenden Prophetie für Deutschland.

Hier einige Auszüge davon:

> „Gerade jetzt überrollen mächtige Armeen von Engeln diese Nation. Sie werden hindurchkommen, zuerst durch das Land Polen. Es wird zuerst eine starke Bewegung im östlichen Teil Deutschlands geben. Aus dem Herzen Berlins wird eine gigantische Welle des Heiligen Geistes kommen. Sie wird aufsteigen über die Nation und zerschmetternd auf die umliegenden Städte herunterbrechen. Es wird eine Ausgießung eines großen, großen, großen Heilungsstroms aus Berlin geben …

Deutschland wird einer der besten Freunde werden,
die Israel jemals hatte. Deutschland wird zwischen Israel
und seine Feinde treten und diese Nation verteidigen. Es
kommt eine tiefe, bleibende Freundschaft zwischen den
Juden und den Deutschen ...

Ich habe einen Dreijahresplan für eure Nation. Zum Ende
des dritten Jahres wird es eine tobende Feuersbrunst des
Heiligen Geistes geben. Leute werden aus der ganzen Welt
kommen, um eure Nation zu besuchen und sie werden
sagen: „Wir müssen etwas von diesem Feuer haben, wir
müssen etwas von diesem Feuer haben, wir müssen etwas
von diesem Feuer haben!" Kein geistliches Feuer auf der
Erde wird diesem deutschen geistlichen Feuer gleich sein,
sagt der Herr. Es wird eine heiße, leuchtende, brennende
Flut des Heiligen Geistes sein.

Die einzige Sache, die dies übersteigen wird, wird sein,
wenn Ich die Juden in Brand setze. Die einzige Sache, die
diese brennende Flamme übersteigt, ist, wenn Ich die
jüdische Nation in Brand setze ...

Die Segnungen Gottes, die Segnungen Gottes, die
Segnungen Gottes kommen über die Nation Deutschland
herab und niemand wird es aufhalten. Ich habe es
angeordnet, sagt der Herr. Es soll geschrieben sein; es soll
geschehen. Deutschlands Zukunft ist besiegelt. Es wird
eine gerechte Nation werden, voll von der Kraft und dem
Feuer des Allmächtigen ...

Gerade jetzt kommen Engel diese goldene Leiter herab. Sie
haben eine Aufgabe in eurer Nation. Sie verteilen sich, sie
verbreiten sich im ganzen Land. Jedem von ihnen wurden
Städte zugewiesen, in die sie gehen und Menschen, denen
sie Erlösung bringen sollen. Ah, es kommt der Tag, wenn

eure Gemeinde die Türen über Monate durchgehend nicht schließen wird. Euer größtes Problem wird sein: Wo können wir sie alle unterbringen?" (Don Franklin)

Für mich persönlich gibt es kaum eine Prophetie für Deutschland, die beeindruckender ist. Wenn man ein Verständnis für die Bedeutung Israels in der Endzeit hat, weiß man, dass Israel als Gottes Augapfel das einzige Volk ist, über das die Bibel eine nationale Buße und Heilung der Beziehung zu Gott voraussagt. Während aus den Nationen immer nur ein gewisser Teil des jeweiligen Volkes gerettet wird, so gilt für Israel eine völlige Umkehr zu Gott als ganze Nation, wenn die Vollzahl der Nationen einmal erreicht sein wird. Jesus Christus wird sich diesem, seinem Volk persönlich in einer ganz einzigartigen Weise zu erkennen geben. Es ist der Moment, in dem den Juden der Schleier von den Augen gehoben wird, einer der dramatischsten Momente der nun schnell zu Ende gehenden Weltgeschichte. [13]

Denn ich will nicht, Brüder, dass euch dieses Geheimnis unbekannt sei, damit ihr nicht euch selbst für klug haltet: Verstockung ist Israel zum Teil widerfahren, bis die **Vollzahl der Nationen** *hineingekommen sein wird; und so* **wird ganz Israel gerettet** *werden ...* Römer 11,25-26

Das, was Gott laut dieser Prophetie in Deutschland tun wird, wird so gewaltig und gigantisch sein, dass es nur von diesem einzigartigen endzeitlichen Eingreifen Gottes noch übertroffen werden wird.

Welch eine Aussage!

Bemerkenswert ist auch die Formulierung: *„Deutschland wird einer der besten Freunde werden, die Israel jemals hatte."*

---

[13] Sacharja 12,10-13,1

Deutschland und Israel haben eine gemeinsame Bestimmung

Im Sommer des Jahres 2012 gab der bekannte amerikanische Prophet Rick Joyner in „Word of the week" einen Eindruck weiter, der ebenfalls die Beziehung zwischen Deutschland und Israel aufgreift:

> „Ende der 80er-Jahre wurde mir gezeigt, dass Deutschland eine spezielle Aufgabe hat, zu helfen, Heilung und Wiederherstellung zu all den Nationen zu bringen, zu denen es während der Weltkriege Zerstörung brachte. (Und) dass die Europäische Union die Fälschung dessen war, was Gott tun wollte und dass sie nicht bestehen wird. Deutschland kann seine höhere Berufung erfüllen. Die geistliche Erweckung Deutschlands ist der Schlüssel, Europa aus den vielen Krisen zu retten, denen es jetzt gegenübersteht.
>
> Deutschland und Israel haben eine gemeinsame Bestimmung. Beide Völker haben großartige Gaben der Widerstandsfähigkeit und Wiederherstellung. Deutschland war nach dem 2. Weltkrieg eine der am meisten verwüsteten Nationen, doch innerhalb einiger Jahre war es wieder eine moderne Nation mit einem der kraftvollsten Wirtschaftssysteme der Welt.
>
> Genauso wurde niemals zuvor eine Nation so aus ihrem Land zerstreut wie das jüdische Volk. Es blieb eine getrennte, ausgegrenzte Volksgruppe. Das „Zeichen des Feigenbaums" [14] ist das Zeichen des wieder zum Land versammelten und erneut zur Nation gewordenen Israels. Dies ist eine Wiederherstellung, wie sie die Welt noch nie zuvor gesehen hat. Einer der Gründe, warum der teufel

---

(14) Lukas 21,29-33

versuchte, die deutsche Nation zu gebrauchen, um Israel zu zerstören, war ihre gemeinsame Bestimmung, den Weg für den Herrn und sein Königreich vorzubereiten. Es gibt auf der Erde keine anderen zwei Volksgruppen mit solch unglaublichen Gaben des Einfallsreichtums für Widerstandsfähigkeit und Wiederherstellung. Die Zielsetzung des kommenden Königreiches ist, die Erde wiederherzustellen und diese beiden großartigen Nationen werden helfen, den Weg dafür vorzubereiten.

Ein weiterer Punkt, den wir verstehen müssen, ist, dass der teufel versucht, die Nationen zum Gegenteil dessen zu machen, wozu Gott sie berufen hat. Viele Nationen sind jetzt das Gegenteil dessen, wozu sie berufen sind. Wie in Hesekiel 37 sehen wir die Leute in prophetischer Sichtweise nicht so, wie sie sind, sondern wozu sie berufen sind. Dann müssen wir den Herrn suchen und Worte des Lebens prophezeien, bis sie zu dem werden, wozu sie berufen sind.

Der Missionsauftrag ist, alle Nationen zu Jüngern zu machen, nicht nur Einzelpersonen. Die Gemeinde ist berufen, die Bestimmung einer Nation zu sehen und zu prophezeien. Wir müssen beginnen zu suchen und wir müssen beginnen zu prophezeien." (Rick Joyner)

Strategisches Wort für Deutschland

Bereits im Jahr 2002 hatte Joyner unter „Strategic Prophetic Words – Germany" über Deutschland geschrieben:

„Deutschland ist eine der strategischsten Nationen der Welt, sowohl in geistlicher als auch in wirtschaftlicher Hinsicht, und es wird wieder zu einer bedeutenden militärischen Kraft werden. Es ist eine Nation von Menschen voller

Tatendrang, die eine Vision braucht. Ohne eine klare und edle Vision werden sich die Wurzeln des Rassismus, der nationalen Intoleranz gegenüber Minderheiten und Ausländern, des Zorns und der Grausamkeit wieder erneut tief in die deutsche Kultur eingraben und dadurch versuchen, seine Zukunft zu bestimmen. Wenn es von einer starken und edlen Leiterschaft geführt wird, kann Deutschland eine mächtige Kraft zum Guten in der Welt werden und in den vielen ethnischen Konflikten in Europa und dem Nahen Osten Heilung bewirken. Eines wird Deutschland gewiss nicht sein: Es wird nicht neutral sein.

Es liegt eine Berufung auf Deutschland, weiterhin ein führender Kopf in der Reformation der Gemeinde zu sein. Aus diesem Grund versucht der feind, religiöse Intoleranz und Misstrauen gegen jegliche religiöse Gruppen zu schüren, die nicht der offiziellen Linie folgen, um damit die größte Bestimmung dieser Nation zu vereiteln.

In Deutschland stehen gerade viele neue geistliche und politische Leiter auf, die wirklich von einer ganz neuen Art sind. Sie haben geduldig auf ihre Zeit gewartet und sind währenddessen in ihrer Vision und Entschlossenheit immer mehr herangereift. Sie werden in Kürze bereit sein zu leiten. Aber es wird eine große Schlacht zwischen den Kräften der Freiheit und denen der Intoleranz und Tyrannei geben. Die Richtung, welche die Regierung bezüglich religiöser Freiheit einschlagen wird, wird auch die Richtung sein, die sie hinsichtlich politischer Freiheit gehen wird. Deutschland wird entweder wirkliche Freiheit erleben, oder erneut unter Unterdrückung kommen.

Wenn Deutschland sich für Freiheit entscheidet, dann gäbe es ein moralisches Zentrum im kulturellen Herzen Deutschlands, das stark genug wäre, die moralische und geistliche Verschmutzung nicht länger zu dulden, die in weiten Teilen Europas gegenwärtig zur Normalität geworden ist. Deutschland wird dann beginnen, einen anderen Kurs als der Rest Europas einzuschlagen. Deutschland besitzt von allen Nationen der Erde eines der größten Potenziale, um eine freie Gesellschaft aufzubauen, die nicht der moralischen Korruption und Verschmutzung unterliegt. Von allen Menschen der Welt, die in ihrem Herzen ein Gesetz tragen, sind die Deutschen ganz weit an der Spitze. Sie wollen das Richtige tun, und wenn sie die richtige geistliche und politische Leiterschaft besitzen, können sie zu einer der moralisch großartigsten Nationen der Erde werden.

Die größte Gefahr für solch ein starkes und einfallsreiches Volk ist, wenn der teufel sieht, dass er es in einer bestimmten Sache nicht mehr aufhalten kann, dann wird er versuchen, hinter es zu gelangen, um es zu weit nach vorn zu stoßen. Für diese Nation wird es immer eine Gefahr darstellen, reaktionär und extremistisch zu werden, doch seine Berufung liegt darin, eine Nation edlen und entschlossenen Handelns zu sein. Obwohl satan versucht hat, seinen Thron im Herzen Deutschlands zu errichten, werden die Deutschen zu den Ersten gehören, die auf das Evangelium des Königreichs Gottes antworten und ihre Knie vor dem Thron des Königs der Könige beugen. Deutschland ist dazu berufen, Leben und Heilung zu all jenen Orten zu bringen, an denen der teufel es dazu gebrauchte, Tod und Zerstörung zu verbreiten.

Deutsche Leiter werden sich eines Tages mit den geistlichen Leitern Großbritanniens und Russlands vereinen, um ein dreibandiges Seil zu bilden, das nicht leicht zerrissen werden kann. Deutschland wird außerdem einer der größten

Freunde der Bestimmung Gottes für Israel und das jüdische Volk sein. Israel wird Deutschland lieben und Deutschland wird Israel lieben. Diese beiden Nationen sind sich ähnlicher als irgend sonst zwei Nationen auf Erden zu dieser Zeit, und in Kürze werden sie einander auf wunderbare und mächtige Weise ‚entdecken'." (Rick Joyner)

Die Zeit für Deutschland ist gekommen

Am 28. Mai 2010 gab E. A. Adeboye, der leitende Pastor der „Redeemed Christian Church of God", einer Kirche mit über 5 Millionen Mitgliedern, in Frankfurt am Main eine Prophetie für Deutschland weiter. Er sagte:

„Danke für Deutschland. Danke für Europa. Danke für das, was du von jetzt an tun wirst. Danke, denn Deutschland wird errettet werden. Danke, denn Europa wird errettet werden ...

Ich glaube, die Zeit für Deutschland ist gekommen. Ich glaube, die Zeit für Europa ist gekommen. Und ich glaube Gott, dass die Erweckung, für die wir gebetet haben, sehr bald beginnen wird ...

Jetzt mag es so aussehen, als ob Mächte der Finsternis gekommen sind, um Europa zu verschlingen. Dinge, von denen unsere Vorväter nicht geträumt haben, dass sie möglich wären, geschehen. Das Volk, das uns Licht auf den dunklen Kontinent brachte, tut nun Dinge, die wir selbst in unseren dunkelsten Tagen nicht taten ... Der teufel hat das Schlimmste getan, was er mit Europa anrichten konnte. Der Stärkere kommt. Und Er wird zu all den Türen und Toren über Europa sprechen, die lange genug verschlossen waren: Es ist Zeit, dass ihr eure Häupter erhebt. Denn der König der Herrlichkeit ist dabei zu kommen.

Du sagst: Europa hat sich dem teufel durch verschiedene Taten verschrieben, durch Dinge, die sie gemacht haben, die sie nicht hätten tun sollen. Deshalb sagt der teufel: Jetzt kann ich Europa für mich selbst haben. Doch gemäß Jesaja 49,24-26 sagt mir die Bibel, dass selbst die rechtmäßig Gefangenen befreit werden. Selbst wenn der teufel sagt: Europa gehört nun rechtmäßig mir, kann der Herr der Heerscharen den teufel überwältigen.

Ich freue mich auf eine Zeit, sehr, sehr bald, wenn wir eine Konferenz für Diener Gottes in Deutschland einberufen werden, und wir ein Stadion brauchen werden, um sie unterzubringen. Ich sage das hier nicht zum Spaß, das ist ein prophetisches Wort. Es wird schneller geschehen als viele von euch denken ...

Die Bibel sagt in Jesaja 66,8: Kann eine Nation an einem Tag geboren werden? Ist es möglich, dass ganz Deutschland an einem einzigen Tag wiederbelebt werden kann? Ich glaube, dass alles, worauf Gott gewartet hat, ist, dass mindestens eines seiner Kinder aufsteht und anfängt zu prophezeien und zu Deutschland sagt: Deutschland, steh auf! Und gemäß dem Wort Gottes wird der Wind des Heiligen Geistes wehen. Und die Knochen, von denen du denkst, dass sie schon zu trocken sind, werden wieder lebendig." (E. A. Adeboye)

Schaut auf Deutschland, Norditalien und Osteuropa

Julia Loren, eine international bekannte Sprecherin und Autorin, empfing Ende 2011 ein eindrückliches Bild für Europa, publiziert am 1. Dezember 2011 in der Elijah List. Ein zweiter, hier nicht wiedergegebener Teil, bezieht sich auf Großbritannien.

„Während einer langen Anbetungszeit voller Offenbarung am 20. November 2011 nahm mich der Heilige Geist mit in eine Vision hinein, in der ich über Europa flog und das Gebiet sah, das der Herr für die Ausgießung Seines Geistes in den kommenden Jahren gekennzeichnet hat.

Beim ersten Durchgang durch Mitteleuropa führte mich der Herr an Orte zurück, an denen ich in vergangenen Jahren gewesen war – vor allem in Deutschland und Italien. Dann spulte Er die Erinnerungen zurück und sagte, dass der Dienst in den kommenden Jahren in Europa völlig anders aussehen wird. Gottes souveränes Wirken wird wie eine Schneeschmelze im Frühling fließen, die mit einem Rinnsal beginnt, wenn die Schneedecke zu schmelzen anfängt, die dann an Kraft gewinnt und für eine gewisse Zeit in viele Einzugsgebiete hineinrauscht und dröhnend braust, was das Gesicht des europäischen Christentums völlig verändern wird.

Der Herr zeigte mir, dass die Flüsse Deutschlands das rauschende Wasser in andere Länder tragen werden, da Deutschland die erste Nation sein wird, die das Wirken Gottes völlig willkommen heißen wird. Ich sah, wie Deutschland geistlich lebendig wird. Und als das Feuer der Liebe Gottes sie verzehrte, sagten sie es Österreich weiter und die Frühjahrsschmelze eilte weiter über die Alpen bis nach Norditalien. Ich sah, wie der Fluss des Geistes auch das Einzugsgebiet der Grenze zwischen der Schweiz und Italien eroberte. Dann hörte ich den Herrn sagen: „Halte an den Universitätsstädten Deutschlands und Norditaliens nach Erweckung unter den Jugendlichen Ausschau, die diese durch ganz Osteuropa weitertragen werden." Ich habe den Eindruck, dass es unter anderem um die Universität in Heidelberg in Deutschland und Padua in Italien geht (die zweitälteste Universität Europas, wo Galileo lehrte).

Als ich die Donau entlang nach Budapest flog, sah ich das kristallene Bildnis eines silbern glänzenden Engels über Budapest schweben. Silberströme regneten auf die Donau herunter und flossen weiter gegen Osten. Und überall, wohin der Fluss floss, dorthin floss Erweckung. Denn der Herr erlöst sein Volk von den Verführungen der Unterdrückung und führt sie hinein in die völlige Freiheit des Heiligen Geistes. Das Silber und Gold sind Sein und Er teilt es aus, wo Er will. Es ist Zeit für die osteuropäische Braut, aus der Asche heraus- und in die zierende Gnade der Erlösung hineinzutreten. Er hat Seinen Blick auf dich gerichtet. Dies ist die Zeit deiner Gunst – Slowakei, Ungarn, Kroatien, Serbien, Bulgarien, Moldawien, Ukraine, Rumänien – ihr, die ihr lebt, wo die Donau fließt ...

Wenn der Herr souverän und plötzlich die Feuer der Erweckung und der Evangelisation entzündet, wer wird aufstehen, um die Fackel in die umliegenden Länder zu tragen? Ich glaube, es werden diejenigen sein, die sagen: „Hier bin ich, sende mich!", die werden zu den umliegenden Nationen gehen und viele, die vertrieben sind, oder Studenten, die außerhalb ihrer Heimatländer in Mittel- und Osteuropa leben, werden sich auf den Flüssen wiederfinden und die Fackel dorthin tragen, wohin der Fluss fließt. (Julia Loren)

Die Rechte des Herrn ist erhöht

Bereits am 2. Februar 2001 gab einer der meiner Meinung nach wichtigsten geistlichen Leiter Deutschlands – Ortwin Schweitzer – ein bedeutendes prophetisches Wort weiter, das in seinem Buch „Die Rechte des Herrn ist erhöht" einem breiten Publikum zugänglich gemacht wurde.

„Der Herr hat sich erhoben. Seine rechte Hand ist ausgestreckt und seine Herrlichkeit bedeckt das Land.

Wenn der Herr aufsteht, erhebt sich der ganze Kosmos in Ehrerbietung. Eine gewaltige Scheu und Ehrfurcht vor der Heiligkeit Gottes erfüllt das Land.

Wenn der Herr sich erhebt, entsteht Glaubensmut unter den Kindern Gottes, Gott / Jesus zu bezeugen vor dieser Welt. Sie werden dabei das reale Eingreifen Gottes allerorten mit Zeichen und Wundern erleben.

Es wird leicht sein in Deutschland, zum Glauben zu kommen. Der Herr knackt die Bollwerke der Finsternis: Esoterik, Satanismus, Barrieren des Islams, „Humanismus", der den Menschen zum Mittelpunkt macht, sowie die Bereiche Geld und Wirtschaft, Medien und Politik.

Die Beter, ja, das ganze Volk Gottes, stürmen die Festungen der Finsternis und nehmen den Raub – zuerst die Seelen und dann die aufgehäuften Reichtümer, dem Herrn zur Ehre.

Der Herr sagt: „Jetzt ist's genug! Ich stehe jetzt auf und erhebe Meine Ehre im Land!"

Blinde sehen, Lahme gehen, Taube hören, Krebs- und Aidsheilungen geschehen an Kranken, Tote stehen auf, und den Armen, den Fernen wird das Evangelium verkündigt.

Der Herr führt sein Volk zusammen. Er bindet sie fest zusammen zur Einheit.

Es werden sich Krafttaten Gottes ereignen, wie man sie noch nie gesehen hat in diesem Land.

Der Herr breitet seine Barmherzigkeit und Vergebung unendlich aus über dem Land. Und sie kommen von allen Seiten gelaufen zum Herrn, rennen zum Gott ihres Heils.

Und der Herr nimmt die Sünde des Landes hinweg an einem Tag und gedenkt ihrer nicht mehr.

Der Herr regiert – und die dämonen flüchten in Panik vor ihm. Der Herr geht durch das Land vom Norden bis zum Süden, vom Westen bis zum Osten und reinigt das Land und bringt seine Erlösten zusammen aus allen Schichten des Volkes und allen Gegenden des Landes. Das wird tun der Arm des Herrn.

Und so wie Deutschland 1989/90 schon einmal das Fanal der Gnade Gottes war vor aller Welt (Wiedervereinigung), so soll Deutschland noch einmal vor den Nationen bekannt werden als das Land der besonderen und unverdienten Gnadenerweise Gottes.

Wir werden vor ihm liegen als Nation und weinen vor Erschütterung, dass ausgerechnet uns als Deutschen solches geschieht.

Und die Erstlinge unserer Kinder, die besten unserer Jugend werden kommen, dass er sie sende. Und mit großer Freude und Jubel werden wir sie freisetzen und ermutigen zum Dienst an den Völkern in Demut, Hingabe und allen Gaben der deutschen Nation.

Sie werden ihnen das Zeugnis geben von dem Herrn, der sich des sündigsten Volkes unter allen Nationen in unbegreiflicher Gnade angenommen und unsere Schuld unter seinem Blut bedeckt hat.

„Es wird kein besonderes Zeichen geben dafür, dass der Herr sich erhoben hat und Sein Arm ausgestreckt ist, außer dass es als richtig erkannt wird, wenn du es aussprichst und dass es geschieht. Aber du musst dich zuerst trauen, es auszusprechen, dann werde Ich handeln."

Das, was sich ereignet, ist nicht „Erweckung", sondern „Glory", Gottesherrlichkeit, Selbstoffenbarung Gottes aus Ihm selbst heraus.

Das umfasst Erweckung (sie werden in Scharen zu ihm eilen, rennen zum Quell ihres Heils), aber es ist weit mehr. Es ist eine Veränderung der gesamten Situation unseres Landes, zuerst unter den Christen, dann aber sich ausbreitend über den Bereich der Christen hinaus in alle Bereiche des Lebens unseres Volkes, hinein in Politik, Wirtschaft, Erziehung, Medien.

Schlüsselpersonen werden sich bekehren, und es wird aufsehenerregende Zeugnisse von Gottesbegegnungen geben. Das geistliche Klima in Deutschland verändert sich. Die Bollwerke bekommen Risse, werden geschüttelt und brüchig wie nach Erdbeben.

Es wird von vielen Erweckten gefragt nach Glauben, echtem Glauben, nach Unterweisung im Glauben. Jeder, der schon etwas länger Erfahrung hat, ob jung, ob alt, wird von seinen Freunden gebeten werden, ihnen doch zu helfen.

Gruppen in den Häusern entstehen an jeder Straßenecke, Selbsthilfegruppen von Erweckten, geleitet von nur wenig Erfahreneren, aber Geistentzündeten. Diese missionieren untereinander weiter, immer weiter.

Vieles geht an den Organisationsstrukturen der etablierten Gemeinden vorbei.

Halt bieten mehr die persönlichen Kontakte, nicht die Strukturen, ebenso Veranstaltungen, wo der Geist weht und die von Mund zu Mund weiter empfohlen werden. Um die dortigen Leiter bilden sich Gruppen von Leitern auf der Grundlage persönlichen Vertrauens. Durch diese

Väter und Mütter geschieht Leitung der Leiter und geistliche Beeinflussung der „Spontan-Gemeinden".

Je strukturorientierter eine Kirche ist, desto schwerer wird sie sich mit diesen Spontan-Gemeinden tun.

Die Bibel wird unter ihnen entdeckt auf der Basis von Erleben und Ausprobieren, total praxisbezogen. Darum werden Wunder und Zeichen alltäglich sein, weil die Gläubigen damit rechnen. Und Gott wird sich zeigen als der reale Gott in allen Lebensnöten. Gepriesen sei Er!

Diese Erweckung geschieht im Rahmen eines Paradigmenwechsels in der geistlichen Atmosphäre unseres Landes. Weil der Herr sich erhoben hat, ist nichts mehr so, wie es vorher war.

Die beiden Großkirchen haben daran Anteil durch einzelne Pastoren, die sich dem erwecklichen Geist öffnen, weniger als Institutionen. Betet um erweckte und erweckende Bischöfe!

In den östlichen Bundesländern wird es länger dauern und so aussehen, als käme der Herr nicht durch. Dann aber werden ganze Landstriche wie große Schollen von einem ungeheuren Druck aus der Tiefe wie bei einem Vulkanausbruch emporgehoben. Sie müssen Platz machen für ein wunderbares, neues, schönes und zartes Leben darunter. Der Herr meistert auch die geistliche Not der östlichen Bundesländer mit einem Vulkanausbruch seiner Liebe.

Politiker werden sich zunächst heimlich dem neuen Geist öffnen, dann aber immer offensichtlicher ihre Veränderung bekennen, und so werden immer Neue dazustoßen. Es wird eine Freude sein, dies mit anzusehen und mitzuerleben.

Und die Beter werden jauchzen und vor Gott frohlocken. Es ist ein Jubeln im Land, wie man sich freut zur Zeit einer überreichen Ernte, wo man arbeitet bis zum Umfallen, mit wenig Schlaf auskommen muss, aber getragen ist von einer Woge der Begeisterung an Gott, dem Gott, der sich entschlossen hat, sich selbst in diesem Land zu offenbaren.

Die Lobgesänge der Erfassten hören nicht auf, Tag und Nacht feiern sie Gottes Barmherzigkeit, rühmen seine Gnade über dem Land. Tage und Nächte schweigen die Beter nicht und halten ihre Herzen nicht mehr zurück.

Und je mehr gejubelt wird, desto mehr weicht die geistliche Last der typisch deutschen Beklemmung und verdünnt sich die schwarze Wolke über uns, bis das helle Licht Gottes über uns erscheint in vollem Glanz.

Das verheißene Licht Gottes bricht hervor. Gott wird erkannt, Gott wird gepriesen, zuletzt von den Menschen auf offener Straße.

So sieht das aus: *„Die Herrlichkeit des Herrn erscheint über dir"*. (Jesaja 60,2)

„Nicht uns, Herr, nicht uns, Herr, als Deutschen, sondern Deinem Namen gib Ehre um Deines großen Namens willen!" Wenn dieses Volk erfüllt ist mit dem Lobpreis und Jubel Seines Namens, dann strömt dies über in die Nachbarvölker Europas und in die Nationen der Welt. Gott erhebt sich über dem Land und seine Herrlichkeit erscheint über ihm allerorten." (Ortwin Schweitzer)

Im weiteren Verlauf des Buches geht Ortwin dann auf eine zweite prophetische Botschaft ein, die er einen Monat später erhielt und die vor allem die Sündhaftigkeit und Verderbtheit der Nation deutlich machte und das unfassbar große Erbarmen Gottes zeigt, der sich uns trotzdem voller Gnade zuwendet.

Dann folgt ein dritter Teil, der in fast poetischer Weise sehr sensibel und feinfühlig das Kommen des neuen Tages beschreibt. Ich bin überzeugt, dass es ein Text ist, der zutiefst dem Herzen Gottes entspricht.

Ein neuer Tag beginnt

„Es ist wie der Anbruch des Tages. Zuerst fließt etwas Zartes, Hauchdünnes in die Finsternis der letzten Stunde der Nacht. Man kann es fast nicht erkennen, aber man spürt es. Oft erhebt sich um diese Zeit auch ein leichter Wind und man merkt: Es verändert sich was. Die Nacht kippt. Die ersten Vögel melden sich, der Rotschwanz merkt es als erster, während die anderen noch lange schlafen oder mindestens ihre Stimme nicht erheben.

Der Horizont im Osten verliert das tiefe Blau der Nacht, wird heller und heller, die Dinge treten schwarz als Silhouetten hervor, der Lichtschimmer steigt allmählich höher in die Kuppel des Himmels, die Sterne „lösen sich auf". Dann kommen die Farben zurück: zuerst am Himmel, dann auf der Erde.

Aber die Sonne ist immer noch nicht da, jedoch zweifelt keiner daran, dass es in wenigen Minuten so weit ist. Die kleinen Wölkchen am hohen Himmel leuchten schon in Weiß und Gold, aber bei uns auf Erden ist das Licht noch nicht angekommen. Wie im Himmel, so noch nicht auf Erden. Aber die Stelle, wo sie erscheinen wird, die Sonne, wird immer röter, dann golden, dann weiß vor Glast und Glanz und dann: erste durchdringende Strahlen, die alles, was vorher licht war, übertreffen, ja, wie Schatten erscheinen lassen. In wenigen Sekunden erobert das Licht die Welt – einfach weil es da ist. Die Menschen machen ihre letzten eigenen Lichter aus und gehen an die Arbeit im Licht des neuen Tages.

Vieles ist ähnlich beim Anbruch einer neuen geistlichen Zeit.

Da ist die Anfechtung immer größerer Resignation, weil kurz vor dem Anbruch der Dämmerung die Zeit der Nacht am längsten war. Man hat gehört, dass es einen neuen Tag geben soll, aber was übermächtig und kalt spürbar ist: ist Nacht. Skepsis macht sich breit. Immer mehr.

Das Neue kommt dennoch, aber es kommt nicht mit Paukenschlag. Selbst die Wiederkunft Jesu – sagte Er – hat ihre Vorankündigung in den „Zeichen der Zeit". Und so wie Lichtschimmer, Windstoß und Vogelstimmen die Vorboten des neuen Tages sind, so sind neues Licht der Erkenntnis, Windstöße des Geistes und erste prophetische Stimmen die Vorboten einer neuen Zeit und geistlichen Veränderung im Land. Es ist auch im Geistlichen nicht so, dass alle Vögel zur gleichen Zeit ihre Stimmen erheben – weil Gott das so geordnet hat. Die frühen Stimmen sind aber immer die leisesten, fast zögernd.

Dann kommt die Phase, wo Veränderung für alle erkennbar wird und Licht und Finsternis sich scheiden. Vor dem heller werdenden Horizont wird das Profil der Finsternis offenbar. Scheidung geschieht, Unter-Scheidung und Ent-Scheidung.

Licht bedeutet für alle Wesen Leben; und das Kennzeichen von Leben ist Farbe. Farbe ist Vielfalt, Kreativität und Schönheit. Im Geistlichen ist das spürbar daran, dass sich Menschen erheben, Leben zeigen, kreativ werden zum Lob Gottes. Und schön.

Und noch eine Parallele. Das Licht beginnt zuerst an himmlischen Örtern. Wer im Gebet schauen kann, was sich dort ereignet, weiß, was bald darauf „wie im Himmel, so auf Erden" als Wille Gottes geschieht.

Und dann, wenn das Licht durchbricht, wird jede Finsternis fliehen, und auch die Zeit der Vorbereitung wird abgeschlossen sein. Denn das helle Licht scheint jetzt. Die Menschen machen ihre selbstgemachten Lichter aus – auch die frommen – denn sie erscheinen wie Schatten gegenüber dem, was dann von Gott her scheint (Phil. 3,7.8)."
(Ortwin Schweitzer)

Es wird innerhalb einer Stunde geschehen

Am 31. Juli 2007 gab Francois Botes, ein bewährter prophetischer Sprecher, der oft in Deutschland dient, während einer Veranstaltung im Glaubenszentrum Bad Gandersheim eine Prophetie über Deutschland weiter.

„In diesem Land wird eine mächtige Gebetsarmee aufstehen, eine mächtige Armee, die weiß, wie man betet. Das wird eine Armee sein, die im Geist kämpft. Und diese Armee wird sagen: Wir werden zwischen dem Osten und dem Westen mit Gebet aufstehen. Es wird ein Gebetsschild sein zwischen dem Osten und dem Westen.

Und Gott sagt: Deutschland, du wirst lernen zu beten wie nie zuvor. Und du wirst mit unaussprechlicher Freude erfüllt sein. Und Gott sagt: Große Probleme werden kommen. Es wird aus den alten russischen Städten kommen. Und Gott sagt: Deutschland wird stehen zwischen dem Osten und dem Westen. Es wird ein Gebetsschild sein, das von Deutschland hochgezogen wird. Und übernatürliche Freude wird sich erheben. Ich habe einen Plan mit euch. Prophezeit das über Deutschland: Ich habe immer noch einen Plan mit dir.

Ich habe immer noch einen Plan mit dir.

Und Gott sagt: Selbst inmitten der Schwierigkeiten wirst du diese Freude haben, die durch nichts weggenommen werden kann. Und die Ungläubigen werden dich anschauen und sagen: Hast du nicht die Zeitung gelesen, hast du nicht die Nachrichten gesehen? Und du wirst sagen: Doch, aber die Freude des Herrn ist meine Kraft und Gott hat immer noch einen Plan mit meinem Land. Du wirst sagen: Die Freude des Herrn ist meine Kraft und Gott hat immer noch einen Plan mit meinem Land.

Und ich sehe, wie der Herr heute Abend sagt: Innerhalb einer Stunde wird sich alles in diesem Land verändern.

Doch du musst keine Angst haben. Und dann musst du nicht wild herumrennen und fragen: Was sollen wir tun? Menschen werden an ihrem Arbeitsplatz sein, und plötzlich wird sich alles verändern. Ein Lehrer wird vor seiner Klasse stehen, und plötzlich wird sich alles verändern. Innerhalb einer einzigen Stunde wird sich alles verändern. Und der Herr sagt: Du wirst sagen: Gott hat noch einen Plan mit meinem Land. Gott hat immer noch einen Plan mit meinem Land.

Und Gott sagt: Erinnere dich: Ich hebe immer das Beste bis zum Schluss auf. Und obwohl sich alles innerhalb einer Stunde sehr schnell verändern wird, sagt Gott: Erinnere dich: Die Freude kann nicht zerstört werden. Erinnere dich immer daran: Freude kann nicht zerstört werden. Denn die Freude ist meine Kraft. Und Gott hat einen Plan mit meinem Land.

Ich sehe, wie der Herr sagt: Die Menschen werden wild umherrennen und sie werden sagen: Alles, woran wir uns in der Vergangenheit festgehalten haben, ist wie Sand in unseren Händen geworden. Alles, wovon wir gedacht haben, dass es immer bestehen würde, ist plötzlich wie Sand in unseren Händen zerronnen. Und Gott sagt: Erinnere dich, das ist deine Stunde, das ist meine Stunde. Und Tausende werden zum Herrn schreien.

Und Gott sagt: Ich werde dir Tränen schenken für dein Land, für deine Generation. Aber es ist nicht die Stunde, sich zu fürchten. Es ist die Stunde der Fürbitte, des Gebetes. Es ist die Stunde der Freude des Herrn. Denn das Königreich Gottes wird gegründet.

Du hast das Beste bis zum Schluss aufbewahrt …

Der Herr sagt: Erinnere dich, wenn diese Dinge geschehen, dann ist das dein Tag. Es ist der Tag des Herrn, es ist der Tag der Errettung. Und Gott sagt: Menschen werden umherrennen, sie werden in die Kirchen dieses Landes rennen und werden schreiend durch die Türen kommen und rufen: „Hilf mir, hilf mir!"

Und Gott sagt: Millionen, Tausende, werden kommen, und Meine Arme werden weit geöffnet sein, sagt der Herr. Aber Gott sagt: Sei nicht schockiert, wenn die Dinge sich ändern. Innerhalb einer Stunde, sagt der Herr. Ich sehe, wie der Herr sagt: Es wird so schnell geschehen, dass die Leute sagen werden: Weißt du, vor einer Stunde war noch alles in Ordnung, aber jetzt ist alles wie Sand in unseren Händen. Und Gott sagt: Dann müssen die Menschen die Freude auf deinem Gesicht sehen, und das Wort der Hoffnung in deinem Mund …

Und der Herr sagt: Die Menschen in deinem Land, ihre Prioritäten werden sich ändern. Das, was heute Abend noch wichtig ist, wird nächstes Jahr nicht mehr wichtig sein. Und die Menschen werden sagen: Wie kann das sein? Alles was wichtig war, ist wie Sand in meinen Händen.

Und die Ungläubigen werden sagen: Ich muss die Wahrheit hören, jemand muss mir die Wahrheit sagen. Ich muss die Wahrheit hören …

Und es wird sich ereignen, dass alle, die den Namen des Herrn anrufen, gerettet werden. Zeichen am Himmel über uns. Und deine Söhne und deine Töchter werden prophetisch sprechen. Ihr werdet Träume träumen und Visionen sehen. Und alle, die den Namen des Herrn anrufen, werden gerettet werden.

Ich glaube, du empfängst eine neue Last, für dein Land zu beten. Eine neue Last, Fürbitte zu leisten. Gott wird seinen Geist ausgießen auf alles deutsche Fleisch. Amen." (Francois Botes)

Gottes levitisches Volk in Deutschland

Vor vielen Jahren besuchte ich eine Veranstaltung mit dem inzwischen verstorbenen Prediger Bob Maine. Der Schotte, der von Gott in erstaunlicher Weise im Bereich übernatürlicher Kraftwirkungen des Heiligen Geistes gebraucht wurde, schilderte seine prophetische Vision für eine Endzeiterweckung, in der Deutschland eine herausragende Rolle einnahm.

Er hatte sich mit der in 4. Mose berichteten Berufung des Stammes Levi für den priesterlichen Dienst beschäftigt. Mose war am Sinai von Gott beauftragt worden, alle Erstgeborenen zu zählen, denn alle Erstgeburt gehört Gott:

Denn mein ist alle Erstgeburt: An dem Tag, da ich alle Erstgeburt im Land Ägypten schlug, habe ich alle Erstgeburt in Israel für mich geheiligt vom Menschen bis zum Vieh. Mir sollen sie gehören, mir, dem HERRN.
4. Mose 3,13

Dann heißt es:

Und du sollst die Leviten für mich, den HERRN, nehmen anstelle aller Erstgeborenen unter den Söhnen Israel.
4. Mose 3,41

Bob wies darauf hin, dass es hier zu einem vom Herrn angeordneten Austausch kam. Gott gab dem Volk Israel alle Erstgeborenen zurück und beanspruchte dafür den Stamm Levi als sein Eigentum. Für jeden Erstgeborenen berief er souverän einen Leviten in seinen Dienst.

Im Gebet empfing er, dass dieser göttliche Austausch ein Bild für die Situation in Deutschland sei. Der Erstgeborene Gottes ist Israel. Etwa sechs Millionen dieses Erstgeborenen wurden während des Holocausts durch die Deutschen systematisch getötet. Es besteht jetzt der rechtliche Anspruch auf einen Austausch – und Gott wird ihn vornehmen. Er wird für jeden getöteten Juden souverän einen Deutschen in seinen Dienst rufen. Deutschland wird im Geistlichen wie der Stamm Levi für den Dienst des Herrn eingesetzt werden.

Bob schrieb dazu in seinem Büchlein „Gottes Feuer für Deutschland":

> „Gott möchte die Levitensalbung auf sechs Millionen Deutsche legen. Er ist ein Gott der Liebe und Vergebung. An keiner anderen Nation als Deutschland kann er das deutlicher zeigen. – Deutschland ist schuldig. Es ist dem

Gott Israels Menschen schuldig. Nun möchte er einen Austausch: sechs Millionen Deutsche, die ihm dienen ...

In einem Traum sah ich einen weißen Mann in Afrika. Um ihn herum waren Tausende schwarzer Menschen, die durch mächtige Wunder geheilt wurden. Der Prediger war Reinhard Bonnke. Gott sagte zu mir: „Das ist schon mal einer von den Eingetauschten."

Die Levitensalbung wird aus Deutschland hervorkommen. Der Herr wird ein noch nie gesehenes Werk in Deutschland tun. Überall im Lande wird er eingetauschte Leviten hervorbringen." (Bob Maine)

Lebenswasser

Dr. Arnd Kischkel vom Dienst „Gebetswächter", einem Gebetsdienst für Deutschland, Israel und die Nationen, empfing am 21. November 2003 folgendes Bild:

„Während einer Anbetungszeit brechen mit einem Mal um mich herum Quellen auf. Frisches, klares Wasser sprudelt hervor und beginnt den relativ trockenen Boden, den ich sehe, zu befeuchten. Dies geschieht an einem Ort, den man auch sonst bei Quellen kennt. Man muss den Ort suchen, sich aufmachen, vielleicht zunächst auch durch ein Stück unwegsames Gebiet wandern. Die Quellen, die ich sehe, scheinen dabei eine Besonderheit zu haben. Je mehr Menschen sie entdecken und zu ihnen kommen, umso mehr Wasser fließt aus ihnen hervor. Und als mit der Zeit v.a. auch Kinder und Jugendliche dazukommen, wird aus ihnen ein Fluss und noch eine ganze Zeit später ein erkennbarer Strom, der durch unser ganzes Land zu fließen beginnt.

Dann sagt der Herr: „In Deutschland setze Ich gerade diese Quellen frei. Viele Meiner Kinder haben einen starken

Durst nach Gemeinschaft mit Mir. Sie sehnen sich nach der Erfüllung mit dem Heiligen Geist und sie haben lange gebetet für eine neue Erfrischung und um mehr Vollmacht und Kraft. Jetzt ist die Zeit gekommen, wo Ich lebendiges Wasser neu hervorbrechen lassen möchte."

Ich sehe daraufhin, wie Anbeter herbeikommen mit kleinen und größeren Gefäßen. Sie schöpfen eifrig aus den Quellen. Und irgendwie scheint die Berührung mit dem Wasser Freude bei ihnen auszulösen. Viele kugeln sich vor Lachen und haben ihren Spaß. Manche scheinen noch verschiedene persönliche Sachen im Wasser zu waschen, für sie geht es zuerst noch um Reinigung. Dann kommen aber auch andere, die ganz übermütig sind. Sie nehmen einen großen Krug, füllen ihn, und schütten das Wasser einfach über jemand anderem aus. Dadurch berührt der Heilige Geist sehr stark Menschen, innere und äußere Heilung geschieht und viele werden freigesetzt.

Die Gaben des Geistes werden durch das Lebenswasser viel stärker freigesetzt als früher. Die Prophetie erscheint in diesem Umfeld wie eine eigene Quelle, die mit großer Kraft neues Leben in vielen Gemeinden in Deutschland hervorruft. Der prophetische Dienst inspiriert nun neben der Seelsorge auch viel stärker als früher eine vom Geist geleitete Anbetung, die Verkündigung und die strategische Weiterentwicklung der Gemeinden. Das wirkt auf mich so, als wollte Jesus quasi alles in seinem Leib in diesen neuen Lebensfluss hineinziehen.

Gleichzeitig zu dieser Entwicklung brechen aber auch ganz andere Quellen in unserer Nation hervor. Es sind Gewässer, die einen Schmutz transportieren, den man früher nicht für möglich gehalten hätte. Die Abkehr von christlichen Werten und von Gottes Geboten wird für viele Menschen die Folge haben, dass sie fast ungehindert den starken Einflüssen der Versuchung zum Opfer fallen werden, die der feind über das Land bringen wird. Auch an der christlichen Gemeinde wird die Macht der Verführung nicht spurlos vorübergehen. Jeder, der mit einem Bein in der Kirche und mit einem Bein in der Welt steht, wird sich entscheiden müssen.

Die Kinder des Herrn aber kommen nun hervor, sie haben ihren Durst am Lebenswasser gestillt, sie haben die Freude des Vaters erfahren und neue Kraft geschöpft. Viele von ihnen lesen in der Bibel, wie der Herr Zeichen und Wunder tat. Und sie spüren, dass nun die Zeit gekommen ist, wo sie im hingegebenen Dienst eine starke Salbung empfangen dürfen.

Für die Zeit, auf die unser Land zusteuert, bekomme ich noch Hebräer 4,9-13:

Es ist also noch eine Ruhe vorhanden für das Volk Gottes. Denn wer zu Gottes Ruhe gekommen ist, der ruht auch von seinen Werken so wie Gott von den seinen. So lasst uns nun bemüht sein, zu dieser Ruhe zu kommen, damit nicht jemand zu Fall komme durch den gleichen Ungehorsam.

Denn das Wort Gottes ist lebendig und kräftig und schärfer als jedes zweischneidige Schwert, und dringt durch, bis es scheidet Seele und Geist, auch Mark und Bein, und ist ein Richter der Gedanken und Sinne des Herzens. Und kein Geschöpf ist vor ihm verborgen, sondern es ist alles bloß und aufgedeckt vor den Augen Gottes, dem wir Rechenschaft geben müssen." (Arnd Kischkel)

Mit dieser Prophetie über das frische Quellwasser des Heiligen Geistes für Deutschland möchte ich zu einem wichtigen Thema überleiten, von dem ich überzeugt bin, dass es für dich zum großen Segen sein wird.

Kapitel 2

Aufgestaute Gebetserhörungen

Vor über 15 Jahren schenkte der Herr mir ein sehr eindrückliches prophetisches Bild, das mir noch heute so deutlich vor Augen steht, als ob ich es erst gestern gesehen hätte. Das Bild, das zunächst einen Gebirgsbach beschreibt, weitet sich am Ende zu einem Blick über ein gewaltiges Tal mit einer gigantischen Staumauer aus.

Christian Scharnagl, ein befreundeter Christ, mit dem ich beruflich einige Zeit zusammenarbeitete, hatte wenige Jahre später ein exakt daran anknüpfendes Bild, in welchem es zu einem Dammbruch dieser Staumauer kommt. [15]

Diese beiden Prophetien sowie zwei weitere Bilder, die der Herr mir bzw. meiner Tochter daran anknüpfend schenkte, sind für mich von großer Bedeutung, weil ich glaube, dass darin ein Schlüssel zum Verständnis dessen liegt, warum ein solch gigantisches Wirken Gottes für Deutschland und die umliegenden

---

[15] Ein in der Bibel übermittelter Name Gottes ist „Baal Perazim" – Herr des Durchbruchs. Bei diesem Durchbruch handelt es sich um das Bild eines durch die Gewalt des Wassers brechenden Dammes, also eigentlich um einen Dammbruch.
„Die Philister besetzten die Ebene Rafaim. Da fragte David den Herrn: „Soll ich sie angreifen? Wirst du mir den Sieg geben?" Der Herr antwortete: „Greif sie an! Ganz gewiss gebe ich dir den Sieg." David zog aus und besiegte die Philister. Er sagte: „Wie Wasser einen Damm durchbricht, hat der Herr die Reihen meiner Feinde durchbrochen." Deshalb erhielt der Ort den Namen Baal-Perazim (Herr des Durchbruchs).
(2. Samuel 5,18-20; Die Gute Nachricht)

Nationen verheißen ist. Ich werde darauf im Anschluss näher eingehen. Doch zunächst die aufeinander aufbauenden prophetischen Bilder.

Die Staumauer

„Vor mir sehe ich einen kleinen, klaren und kalten Gebirgsbach zu Tal fließen. Er fließt über Steine und Felsen und schlängelt sich um Baumwurzeln herum gluckernd bergab. Überall rundherum leuchtet es in sattem Waldesgrün. Manchmal ist der Bach von Farnen oder anderen Pflanzen geradezu überwuchert, er wirkt wie sprudelndes, ganz natürliches Leben. Die Atmosphäre ist sehr friedlich und rein.

Das Bild verfolgt den Lauf des Baches langsam auf seinem Weg bergab. Plötzlich kommt seitlich ein Zufluss in den Bach hinein. Ein anderer Bachlauf vereinigt sich mit dem Gebirgsbach. Aber dieses Wasser ist völlig verdreckt, eine schwarze Kloake, die schon nach kurzer Zeit das klare Wasser völlig verschmutzt und verunreinigt hat.

Das Bild verfolgt diesen Zufluss ein kleines Stück bergauf. Nach kurzer Zeit sehe ich eine große, abstruse, schwarz-verdreckte Maschinerie im Wald stehen. Aus ihr fließt das Wasser aus. Überall sind – teilweise sehr große – Zahnräder zu sehen, Kessel, Dampf und Dreck. Alles macht Krach. Die sich schwerfällig bewegenden Räder, Achsen, Kolben usw. wirken altertümlich und gespenstisch. Alles ist rostig und schmierig. Plötzlich bemerke ich, dass auf den verschiedenen Teilen der Maschinerie Bezeichnungen stehen. Zuerst sehe ich auf einem riesigen, etwa Wasserrad-großen, eisernen Zahnrad den Schriftzug: Programm. Auf anderen Teilen stehen Begriffe wie Stolz, Unser Werk, Unser Dienst, Größe, Eigene Arbeit usw.

Dann wird das Bild etwas größer und ich sehe die ganze
Anlage vor mir. Die ganze befremdliche Konstruktion
überragt ein Eisenschild. Es sieht so ähnlich aus wie die
Metallschilder über den Toren von Konzentrationslagern
(„Arbeit macht frei" o.ä.). Auf diesem Schild steht in
Metallbuchstaben: Dinge, auf die wir stolz sein können.

Dann sehe ich wieder das verdreckte, schwarze Wasser
vor mir und ich verfolge, wie es weiter bergab fließt. Die
Vegetation wird immer kümmerlicher, kränklicher und
erstirbt dann ganz. Das Wasser wird immer dickflüssiger, schlammiger, ekelerregender und endet in einem
schwarzen Morast, offensichtlich ohne Ausfluss.

Ich nehme wahr, dass trotzdem viele Menschen herankommen, die hier etwas von dem verseuchten Wasser
zu trinken oder in ein Gefäß zu schöpfen versuchen.
Einige Menschen klettern auch weiter an dem Bachlauf
empor. Die meisten allerdings sind mit dem Dreckwasser
zufrieden. Offensichtlich reicht ihnen das bereits aus, um
ihren schlimmsten Durst zu stillen ...

Dann weitet sich der gesamte Blick plötzlich ganz
erheblich und ich übersehe das ganze Tal, das tief eingeschnitten zwischen zwei dicht bewaldeten, steilen Gebirgshängen liegt. Verblüfft sehe ich, dass sich zwischen diesen
Hängen eine gigantische Staumauer befindet. Sie scheint
viele hundert Meter hoch zu sein und ragt steil empor.
Der Gebirgsbach ist nur der untere, kleine Ausfluss aus
dieser Staumauer, hinter der sich gewaltige **Wassermassen**
befinden müssen. An mehreren Stellen der Mauer sehe ich
große Flutklappen aus Metall.

Dann höre ich eine Stimme: Der Himmel ist bereit, die
Schleusen des Heiligen Geistes zu öffnen!" (Martin Baron)

Der Dammbruch

„Ich sah im Geist eine sehr große Staumauer, hunderte von Metern hoch, in einem V-förmigen Tal stehen; dahinter waren **sehr große Wassermassen** angestaut. Dann sah ich ein riesiges Stück der Staumauer an der Oberkante abbrechen und langsam abstürzen. Das Wasser dahinter blieb erstaunlicherweise noch angestaut stehen und floss nicht ab. Dann brach ein weiteres großes Stück ab, aber das Wasser kam immer noch nicht. Der Herr sagte mir: „Das bedeutet, dass die Hindernisse beseitigt werden, damit das Wasser kommen kann, aber es ist noch nicht ganz an der Zeit."

Dann stürzten die **Wassermassen** in die Tiefe und der Damm wurde vollkommen zerstört. Die Dimension des Ereignisses war so groß, dass es eine gewaltige Erschütterung und lautes Geräusch gab, Millionen Tonnen von Wassermassen bewegten sich urplötzlich. Von weitem sah alles ganz langsam aus (fast wie in Zeitlupe), da die Dimensionen so groß waren.

Darauf sah ich die Szene von einem Standpunkt weiter unten im Tal, welches leicht abschüssig war. Das Wasser ergoss sich zuerst in den ersten Teil des Tales kurz hinter der Staumauer, der von weiter unten gesehen wie ein riesiges natürliches Auffangbecken aussah. Das Wasser schoss nicht sofort durch das Tal abwärts, sondern füllte mit großem Lärm und viel Spritzwasser dieses natürliche Becken. Die **Wassermassen** waren derartig gewaltig, dass es über diesem natürlichen Becken wieder Hunderte Meter hoch in die Luft spritzte und sich wie eine Art Nebel und Wolke von Feuchtigkeit in der Luft ausbreitete. Der Wind wehte die Feuchtigkeit weit talabwärts. Die Menschen, die dort standen, realisierten das Wasser und Getöse nicht, sondern dachten, es beginne zu regnen. Dann schoss das Wasser in immenser Menge talabwärts. Ich sah von weiter unten aus dem **herankommenden Wasser** entgegen.

Zwischen mir und der **Wasserfront** sah ich in der Luft so etwas wie eine kleine fliegende, dunkle Gestalt. Diese realisierte, was geschehen war, und brach aufgrund des kommenden Wassers und des Geräusches in extreme Panik aus. Sie flog in großer Angst hin und her wie ein Insekt und wusste nicht, wohin sie fliehen sollte.

Darauf konnte ich im Geist in den gesamten Luftbereich hineinsehen. Er geriet in gewaltigen Aufruhr und riesiges Durcheinander. Es sah aus wie ein Heer von Insekten, die in völliger Panik durcheinanderflogen, sich gegenseitig behinderten und versuchten, irgendwohin zu fliehen vor dem, was auf uns zukam. Das Größenverhältnis des Wassers und dieser Kreaturen war in etwa die einer Zimmerwand, die auf einen Fliegenschwarm zurast.

Das Wasser kam auf uns zu und überflutete mit immenser Kraft den Ort, wo ich und andere Christen standen. Obwohl die **Wasserfront** eine riesige Masse (breit und hoch) war und sehr schnell ankam, spülte es mich und die Menschen um mich herum nicht weg. Es ging wie eine durchsichtige, mächtige Kraft durch uns hindurch. Aber alles andere um uns wurde radikal weggefegt. Es war wie die Druckwelle ... eines Tornados.

Ich kann es nur so beschreiben, dass nichts in der Talumgebung irgendwie ähnlich oder gleich blieb. Dinge wirbelten durch die Luft, Häuser wurden verschoben und z.T. umgestürzt, sogar die Landschaft wurde radikal verändert und an vielen Teilen neu geformt. Es war zerstörerisch und an manchen Stellen gleichzeitig neu erschaffen. Es war eine vollkommen übernatürliche Szene.

Der Herr sagte zu mir: „Dieses Wasser wurde nicht mit Meinem Willen aufgestaut. Seit Jahrhunderten staut sich in diesem Land das Wasser. Mein Volk war zu passiv, um gegen die Staumauer effektiv anzugehen. Aber in deiner Generation werde Ich ein Werk tun, das die Welt noch nie gesehen hat. Ich werde niederreißen und aufbauen. Du wirst Blumen blühen sehen, die andere schon sehr lange für tot erklärt haben. Du wirst Menschen wiedergeboren sehen, deren Zahl niemand zählen kann. Du wirst es selbst sehen, aber es wird nicht dein Werk sein noch das eines Menschen oder eines Werkes oder Dienstes. Es ist die Hand des Allerhöchsten, die das Joch zerbricht.

Sage Meinem Volk, dass sie sich vorbereiten sollen. Sage ihnen, dass es drängt! Wer unvorbereitet vom Wasser getroffen wird, wird sehr Schaden leiden. Sage ihnen, dass Ich sie liebe und schätze, dass ihrer Werke und Treue im Himmlischen gedacht wird, aber unbereinigte Sünde wird keinesfalls vergessen sein! Ich will kommen und reinigen. Wer mit Sünde vom kommenden Wasser angetroffen wird, wird keine Chance haben, stehen zu bleiben. Er wird weggespült. Wer in Heiligkeit und beim Werk des Herrn von der Flut getroffen wird, wird große Ehre haben von denen, die noch kommen werden. Denn die Schar wird sehr groß sein." (Christian Scharnagl)

Ströme lebendigen Wassers

„Ich stand neben Jesus auf einer weiten, offenen Landschaft. Er sagte: „Halte dich gut fest!" So legte ich meinen Arm um ihn und er seinen um mich.

Am Horizont kam etwas auf uns zu – und zwar so weit das Auge reichte. Es war eine **gigantische Welle**, die alles, so weit man blicken konnte, überspülte. Sie kam schnell und war sehr hoch. Es erinnerte mich von der Höhe her eher an das Herannahen eines Sandsturmes, denn es war wie eine riesige Wand, wie eine Walze, die das ganze Land überspülte.

Als sie sich uns nahte, sagte Jesus: „Achte auf das, was du spürst!" Dann war sie da. Es war etwas, was gegen mich und gleichzeitig durch mich hindurchdonnerte. Es erschütterte, aber warf mich nicht um. Wir blieben genau dort stehen, wo wir waren, dennoch wurde ich stark ergriffen. Ich spürte, wie es in meinem Inneren brodelte und realisierte dann, dass es durch meinen Bauch hindurchströmte. Die gewaltige Dynamik donnerte voller Kraft geradezu durch meinen Körper, meinen Bauch hindurch. Es ist der menschlich nicht machbare, unaufhaltsame und unerschöpfliche Strom des Heiligen Geistes, vor dem kein Werk des feindes bestehen kann.

Wer an mich glaubt, wie die Schrift gesagt hat, aus seinem Leibe werden Ströme lebendigen Wassers fließen.
(Johannes 7,38)

Jesus sagte: „Das, was es heißt, bedeutet es tatsächlich: es strömt, es flutet, es fließt. Du spürst es. Du bist ein Kanal des Segens Gottes. Das Übernatürliche fließt durch dich ins Natürliche hinein." (Martin Baron)

Himmelsschleusen

Am 27. April 2014 hatte unsere Tochter Damaris während der Lobpreiszeit in einem Gottesdienst ein ungewöhnliches Bild bezüglich der „Fluttore des Himmels". Die Bestätigung für dieses Bild war, dass im Lobpreis kurz darauf das Lied „Open the Floodgates of Heaven" gesungen wurde. Sie beschreibt es folgendermaßen:

> „Der Heilige Geist erwartete mich.
> ‚Komm!', sagte er sanft … Ich sah einen sehr großen See. Das Wasser war schwer zu beschreiben. Diese Farben gibt es hier auf der Erde nicht. Sie sahen sehr perfekt aus. Als wären die Farben auf der Erde nur der Schatten von diesen. Es war etwa wie durchsichtiges neon-dunkelblau. Sehr tief, sehr klar, sehr rein. Auf dem See hoben sich viele strahlend-türkise Lichtpunkte ab. Ich wusste nicht, was das Bild darstellen sollte. „Heiliger Geist, was ist das denn dort, diese Punkte, ich kann es nicht ganz erkennen. Kannst du mich näher heranbringen?" Sofort sah ich mich mit ihm am Wasser stehen.
>
> Ich sah eine Frau in einem weißen Gewand und einer roten Schärpe in dem seichten Wasser stehen. Sie hatte ein durchsichtiges Gefäß in der Hand und schöpfte Wasser. Es begann in ihren Händen türkis zu leuchten und irgendwie zu leben. Der Heilige Geist rief die Frau zu uns. Ich fragte, ob ich das Wasser anfassen könnte. Der Heilige Geist erlaubte es mir. Ich tauchte meine rechte Hand in die Schale. Es fühlte sich an, als würde das Wasser die Hand streicheln und ein bisschen so, als würde ein Baby die Finger fest umklammern. Als ich die Hand herauszog, blieb die leuchtende Flüssigkeit an der Hand haften wie dickflüssige Farbe. Ich hielt die Hand in das Licht und strahlende Regenbogen erschienen …
>
> Plötzlich schien ich mich wieder weiter weg von dem See zu befinden. Nun sah ich etwas Erstaunliches. Der See war nicht völlig auf dem Land. Ein guter Teil lag auf einer großen eisernen Plattform. Sie sah aus wie eine große flache Schale, oder die Hälfte eines Stadions, und war an einer Klippe angebracht … „Was ist denn das?", fragte ich.

Der Heilige Geist antwortete lachend: „Das sind die Himmelsschleusen! Erkennst du sie nicht?" Nun erkannte ich die Schleusen. Sie waren nicht wie auf der Erde. Es waren eher zwei riesige Tore, die schräg nach unten gerichtet waren, genauso gewölbt wie die Plattform. Davor standen genauso riesige Engel, die die Schleusen zu bewachen schienen.

‚Nicht mehr lange!', sagte der Heilige Geist. Ich war begeistert." (Damaris Baron)

Ein entscheidender Schlüssel

Ich persönlich halte diese Bilder und Eindrücke zum Thema Staumauer / Damm bzw. Schleusen für einen entscheidenden Schlüssel zum Verständnis der Situation, warum ein solch gigantisches Wirken Gottes für Deutschland und die umliegenden Nationen verheißen ist. Gerade weil sich die Christen in Deutschland seit über 100 Jahren in einer Situation der Stagnation befinden, sind diese Bilder von großer Aussagekraft. Das, was uns verheißen ist, ist deshalb so gigantisch, weil es wie eine gewaltige Flut ist, die seit vielen Jahrzehnten aufgestaut wurde und sich irgendwann – überraschend plötzlich und mit gewaltiger Kraft – entladen wird.

Ich bin der unumstößlichen Überzeugung, dass die Christen im deutschsprachigen Europa in den vergangenen Jahrzehnten unter größtem Einsatz in das Reich Gottes hineininvestiert haben. Sie haben mit ganzem Herzen gebetet und mit Treue und Hingabe versucht, das Reich Gottes zu bauen und die Menschen um sich mit dem Evangelium zu erreichen. Hunderttausende von Christen haben den Herrn immer und immer wieder um seinen Segen gebeten, um Erweise seiner Kraft und Herrlichkeit, um Errettung der gefallenen Gesellschaft um uns herum, um Erweckung, um Wellen von Bekehrung, um Heilung usw.

Doch bei alldem haben sie so furchtbar geringe Resultate gesehen. Bei alldem haben sie lediglich gesehen, dass der Status quo gehalten wurde, dass es Stagnation gab (was immerhin noch besser als Rückschritt oder gar Auslöschung ist). Und so haben sich viele letztlich mit einer sehr geringen Erwartungshaltung zufriedengegeben … und sie blieben trotzdem treu, beteten trotzdem weiter und flehten trotzdem weiterhin zum Herrn, dass er seinen mächtigen Arm ausstrecken möge. Dieses „trotzdem weiter dran bleiben" ist meiner Meinung nach eine der größten Stärken der deutschen Christen. Trotzdem weiter beten – auch wenn scheinbar nichts geschieht. Trotzdem weiter evangelisieren – auch wenn sich scheinbar nur wenige bekehren. Trotzdem weiter für Erweckung glauben – auch wenn die Situation wie in Beton gegossen zu sein scheint. Es ist eine fast verbohrte, trotzige „Dennoch-Treue", die viele deutschsprachige Christen der letzten Jahrzehnte auszeichnet. Ähnlich wie Hiob, der sagte: „Egal wie es aussieht, egal wie die Umstände sind. Egal … ich halte trotzdem fest!"

Um das, was ich sagen möchte, etwas besser zu verdeutlichen, gebe ich dir ein Beispiel, das ich bewusst plakativ überzeichne:

Eine normale, deutsche Gemeinde plant eine evangelistische Veranstaltung. Man lädt einen Sprecher ein, mietet die Stadthalle, druckt Plakate und Flyer, organisiert, plant, betet. Die Kosten liegen, alles in allem, bei 10.000 Euro. Die Veranstaltung findet statt. 70 % der Besucher sind Christen aus der eigenen und den umliegenden Gemeinden. Einige „Interessierte" vom Rande der verschiedenen Gemeinden kommen mit und eine Handvoll tatsächlich „neuer" Personen. 40 Leute gehen bei den Aufrufen dieser Tage insgesamt nach vorne, davon 30 mit einer „erneuten Übergabe". 10 Personen sprechen erstmalig das Übergabegebet mit, von denen 3 tatsächlich längerfristig in irgendeiner Gemeinde eine Heimat finden. Die Gemeinde freut sich über eine gelungene Evangelisation.

Ich bin sehr dafür, dass wir derartige Evangelisationen durchführen und sehe dies keinesfalls negativ oder kritisch. So oder ähnlich erleben wir es landauf, landab. Wir Christen betreiben einen hohen Aufwand ... und sehen gleichzeitig so beklemmend wenig Frucht.

Nehmen wir an, eine Gemeinde irgendwo in Afrika südlich der Sahara würde mit der gleichen Manpower und dem gleichen finanziellen Aufwand eine Evangelisation durchführen. Vermutlich würden sich mehrere Tausend Menschen bekehren. Die veranstaltende Gemeinde würde aus allen Nähten platzen und könnte vielleicht zehn oder mehr Tochtergemeinden gründen.

Was haben die Afrikaner anders gemacht? Nichts!

Ich glaube, dass sie weder „besser" gebetet haben, noch „besser" evangelisiert haben noch überhaupt etwas geistlich „besser" gemacht haben.

So viele Christen Europas haben über eine so lange Zeit treu und hingebungsvoll gedient, evangelisiert, gespendet, gebetet, gefastet, gerungen, gefleht ... doch, mal ganz nüchtern betrachtet, dafür ist das Ergebnis einfach nicht normal.

Dass wir in der deutschsprachigen Welt so wenig Frucht beim Bau des Reiches Gottes sehen, ist nicht normal.

Dass sich so wenige Menschen bekehren, ist nicht normal.

Dass so wenige Leute in ein Leben echter Jüngerschaft hineinfinden, ist nicht normal.

Dass sich aufgrund von Gebet anscheinend so wenig ändert, ist nicht normal.

Dass die Gemeinden so klein sind und ums schiere Überleben kämpfen, ist nicht normal.

Es gibt eine Blockade, die Segnungen und Gebetserhörungen abhält. Es gibt irgendetwas, was im Wege steht. Es gibt irgendetwas, was diesen unnormalen Zustand verursacht. Und genau das ist es, was in den Bildern die Staumauer oder der Damm ist.

Nicht wenige Christen aus Mitteleuropa erleben beispielsweise, dass sie bei Auslandseinsätzen in beeindruckender Weise vom Herrn gebraucht werden und es zu übernatürlichen Erweisen der Kraft Gottes durch sie kommt … doch zuhause in Deutschland, Österreich oder der Schweiz scheint es wie abgeschnitten zu sein. Andererseits erleben ausländische Sprecher, die in den verschiedenen Ländern der Welt von Gott in beeindruckender Weise gebraucht werden, dass ihr Dienst in Deutschland anscheinend wie blockiert ist.

Ich kritisiere das nicht. Ich verurteile das auch nicht. Es ist bei unserem eigenen Dienst „Gottes Haus" nicht anders. Ich möchte das lediglich feststellen und darauf hinweisen, dass die Situation der Christenheit im deutschsprachigen Europa nicht normal ist. Es ist anders als in den meisten Regionen und Ländern der Welt.

Und hier ist das Bild der Staumauer bzw. des Dammes sehr hilfreich. Ich glaube, dass Gott Gebetserhörungen, Segnungen, Krafterweise, übernatürliche Versorgung, Zeichen, Wunder, Heilungen u.v.m. in gewaltigem Ausmaß aufgrund all der Gebete, die seit mehr als einem Jahrhundert zu ihm aufgestiegen sind, tatsächlich erhört hat. Doch sie sind noch nicht wirklich freigesetzt, sie sind noch blockiert. Aber sie sind nicht einfach verschwunden und nicht mehr existent. Sie sind nicht weg, sie sind einfach nur aufgestaut.

Gebete, in himmlischen Schalen gesammelt

Erinnern wir uns an eine Aussage aus dem Buch der Offenbarung. Dort heißt es von den 24 Ältesten:

*... sie hatten ein jeder eine Harfe und goldene **Schalen** voller Räucherwerk; das sind die **Gebete** der Heiligen.*
Offenbarung 5,8

Einige Kapitel später wird berichtet, dass diese Gebete zu Gott aufsteigen und von einem Engel gemeinsam mit Räucherwerk auf die Erde geworfen werden (was für mich persönlich die Erhörung dieser Gebete versinnbildlicht):

*Und der Rauch des Räucherwerks stieg mit den **Gebeten** der Heiligen auf aus der Hand des Engels vor Gott. Und der Engel nahm das Räucherfass und füllte es von dem Feuer des Altars und **warf es auf die Erde**; und es geschahen Donner und Stimmen und Blitze und ein Erdbeben.*
Offenbarung 8,4-5

Hier sagt die Bibel, dass die Gebete des Volkes Gottes in Schalen aufbewahrt worden sind und irgendwann vom Himmel dazu eingesetzt werden, gewaltige Auswirkungen auf der Erde zu bewirken. So ähnlich stelle ich es mir mit den Gebetserhörungen der Christen der deutschsprachigen Länder vor. So vieles wurde vom Herrn erbeten, tatsächlich erhört, aber eben bis zum heutigen Tage aufgestaut. Dem feind gelang es durch das Errichten der Mauer, die Segnungen des Herrn zu blockieren ... aber es gelang ihm nicht, die Gebetserhörungen und Segnungen zu vernichten oder auszulöschen. Es bedeutet in der Tat nur, dass sie aufgestaut sind.

Wenn die Staumauer fällt, wird eine unvorstellbare Fülle von Gebetserhörungen und gewaltigen Erweisen der Kraft Gottes innerhalb kürzester Zeit freigesetzt. Es werden sozusagen die Gebete von über 100 Jahren in kurzer Zeit – vielleicht innerhalb weniger Monate – erhört.

Dies ist eine Sichtweise, die mir persönlich hilft, die Situation in Deutschland in den letzten 100 Jahren sowie die gewaltigen Verheißungen Gottes für die kommenden Jahre zu verstehen und plausibel einzuordnen. Deutschlands Berufung steht noch aus. Der feind konnte die Nation etliche Jahrzehnte davon abhalten, in diese gottgegebene Berufung hineinzugehen, aber er kann nicht verhindern, dass sie zu gegebener Zeit dennoch hervorkommt – so wie bei Josef im Alten Testament oder Paulus im Neuen Testament.

Das Wasser, das in den Bildern mit der Staumauer aufgestaut ist, ist das Wirken des Heiligen Geistes mit jeder Art von natürlichen und übernatürlichen Segnungen Gottes. Es sind die Gnadenerweise Gottes aufgrund der Gebete der Heiligen.

Gott erhört Gebet – und wenn die Blockade fällt, dann werden Segnungen ungeahnten Ausmaßes Mitteleuropa erfüllen. Es wird in der Tat wie eine geistliche Flutwelle sein. Etwas, dem man nicht entkommen kann und das kein Mensch und kein teufel aufzuhalten vermag. Das ist es, was diese prophetischen Bilder sagen. Mich persönlich begeistert das sehr.

Gottes Kairos-Moment

Als Daniel in der babylonischen Gefangenschaft entdeckte, dass der Prophet Jeremia vorausgesagt hatte, [16] dass die Zeit der Gefangenschaft enden würde, da lehnte er sich nicht zurück, drehte Däumchen und sagte: „Na prima, dann wird der Herr das ja jetzt bald machen", sondern er betete inbrünstig, dass genau das jetzt zu seiner Zeit geschehen und erfüllt werden möge.

---

(16) Jeremia 25,11

*Und er sprach zu mir: Fürchte dich nicht, Daniel! Denn **vom ersten Tag an**, als du dein Herz darauf gerichtet hast, Verständnis zu erlangen und dich vor deinem Gott zu demütigen, **sind deine Worte erhört worden**. Und um deiner Worte willen bin ich gekommen. Aber der Fürst des Königreichs Persien **stand** mir 21 Tage **entgegen**. Und siehe, Michael, einer der ersten Fürsten, kam, um mir zu helfen, und ich wurde dort entbehrlich bei den Königen von Persien. Und ich bin gekommen, um dich verstehen zu lassen, was deinem Volk am Ende der Tage widerfahren wird; denn noch gilt die Vision für ferne Tage.*
Daniel 10,12-14

Was wir hier sehen, ist ein Fall, in dem uns die Bibel einen Einblick in den übernatürlichen Kampf in der Himmelswelt gewährt. Das, was Gott für sein Volk bereithält, wird von teuflischen Mächten für eine gewisse Zeit blockiert. Hier wird erwähnt, dass es einer dämonischen Macht 21 Tage lang möglich war, die Gebetserhörung zurückzuhalten: „Vom ersten Tag ... sind deine Worte erhört worden".

Doch irgendwann ist der Durchbruch da und Dinge, die bis vor kurzem völlig blockiert waren, sind plötzlich freigesetzt. Diejenigen Juden, die es wollten, durften nach 70 Jahren der Gefangenschaft in Babylon wieder ins verheißene Land zurückkehren. In das Land ihrer Bestimmung, ihrer Heimat, ihrer Berufung. Der Feind konnte all dies nur aufhalten, aber nicht dauerhaft verhindern oder vernichten.

Der bekannte amerikanische Autor Dutch Sheets schreibt dazu:

> „Als Daniel erkannte, dass gemäß der Prophetie für das Volk Israel die Zeit der Gefangenschaft zu Ende ging und eine Zeit der Gunst für einen Durchbruch sich nahte, demütigte er sich und betete und fastete. Nach 21 Tagen erschien Daniel ein Engel des Herrn, um ihm zu sagen,

dass es eine festgesetzte Zeit gab, an dem die Antwort sichtbar werden würde. Diese Antwort war jedoch von einer dämonischen Macht, die gegen den Engel Krieg führte, verzögert worden, um Daniel zu zermürben und Israels festgesetzte Zeit der Befreiung zu verhindern. Daniels Durchhaltevermögen in seinem persönlichen Leben während der Chronos-Zeit bewirkte für das Volk Israel einen gemeinschaftlichen Kairos-Durchbruch (Daniel 10) …

Wie David auf dem Feld, Mose in der Wüste und Daniel in seiner Gebetskammer, so hat Gott Pioniere, Befreier und Reformer in den Chronos-Zeiten vorbereitet, damit sie die strategischen Kairos-Gelegenheiten ergreifen können, die bald zur Verfügung stehen werden. Bereite dich vor und positioniere dich, denn du könntest einer derer sein, die Gott herangezogen hat, um eine Schlüsselrolle zu spielen, wenn es darum geht, dieses Land in die Dritte Große Erweckung hineinzuführen.

Ich proklamiere, dass die Müdigkeit, die auf die Gemeinde gekommen ist, gerade hinweggehoben wird. Erfrischung kommt, um uns zu positionieren und darauf vorzubereiten, in unsere Kairos-Zeit hineinzutreten. Die Bedrückung, die Verwirrung und der Unglaube, die gekommen sind – was unser Feuer und unsere Leidenschaft zum Erlöschen brachte, nicht aufgrund von bösen Herzen, sondern aufgrund von Müdigkeit – werden gerade entfernt …

Positioniert euch, macht euch bereit und haltet durch in der Chronos-Routine. Der Kairos-Zeitpunkt ist im Kommen! Der Durchbruch naht!

Macht euch bereit für diesen göttlichen Umschwung!" (Dutch Sheets)

Ich bin sicher: Der Zeitpunkt der Gefangenschaft, der Blockade, ist irgendwann vorbei, das Volk Gottes tritt wieder in seine eigentliche Bestimmung hinein und die Gebetserhörung der seit einem Jahrhundert – der Chronos-Zeit – aufgestauten Gebete der Christen fluten in einem Kairos-Moment urplötzlich los.

In der Heiligen Schrift begegnet uns mehrfach die Aussage, dass „die Zeit erfüllt", also der richtige Zeitpunkt, der Kairos-Moment, für Gottes Eingreifen gekommen war. Wir lesen beispielsweise über das Kommen Jesu:

*Als aber **die Zeit erfüllt** war, sandte Gott seinen Sohn, geboren von einer Frau und unter das Gesetz getan, damit er die, die unter dem Gesetz waren, erlöste, damit wir die Kindschaft empfingen.*
Galater 4,4-5

Es ist ähnlich wie bei einer Schwangerschaft. Irgendwann ist die Zeit gekommen, wo das, was Gott geplant und vorbereitet hat, zur Geburt kommen muss. So heißt es ganz ähnlich:

*Für Elisabeth aber **erfüllte sich die Zeit**, dass sie gebären sollte, und sie gebar einen Sohn.*
Lukas 1,57

Ich bin sicher, dass der richtige Kairos-Zeitpunkt Gottes auch für unsere Nationen in der Mitte Europas kommt:

*Die Weissagung wird ja noch **erfüllt werden zu ihrer Zeit** und wird endlich frei an den Tag kommen und nicht trügen. Wenn sie sich auch hinzieht, so harre ihrer; sie wird gewiss kommen und nicht ausbleiben.*
Habakuk 2,3

Wenn die Blockade fällt und Segnungen ungeahnten Ausmaßes Mitteleuropa erfüllen, dann wird das wie eine gigantische geistliche Flutwelle sein. Wie etwas, was wirklich die Gewalt eines geistlichen Tsunamis besitzt …

Kapitel 3

Ein geistlicher Tsunami

Bei der Beschäftigung mit den prophetischen Aussagen zum kommenden Wirken Gottes stellte ich sehr bald fest, dass ein Bild, das bei zahlreichen Prophetien oder Visionen immer wieder auftauchte, tatsächlich das von strömendem Wasser, einer Welle oder einem Tsunami war. Ich beschäftigte mich mit dem Gedanken, welche Bedeutung ein „geistlicher Tsunami" haben könnte.

Ein Tsunami ist ein durch ein unterseeisches Erdbeben plötzlich ausgelöster Impuls, der durch nichts, absolut nichts aufzuhalten ist. Das Phänomen wurde auf Deutsch früher passend „Erdbebenwoge" genannt. Es handelt sich dabei nicht um eine normale Oberflächen-Welle, die lediglich einige Meter tief reicht, sondern um einen Impuls, der durch die Wassermasse bis zum Grund hinunterreicht, wie tief es auch sein mag. Auf offener See ist dabei an der Oberfläche meist nur eine kleine Welle von wenigen Höhenzentimetern zu erkennen, doch wenn sie sich flachem Gewässer bzw. dem Land nähert, baut sie sich zu einer immer höher werdenden Welle mit gewaltiger Kraft auf.

Die Wortbedeutung des japanischen „Tsunami" spiegelt das wider. Es bedeutet „Hafenwelle". Der Begriff wurde von Fischern geprägt, die auf offener See gearbeitet hatten, dann nach Hause in ihren Heimathafen kamen und alles zerstört vorfanden. Die Menschen berichteten ihnen von einer gewaltigen Welle. Doch die Fischer hatten auf dem weiten Meer überhaupt nichts bemerkt. So schlossen sie daraus, dass es eine Welle war, die nur im Hafen aufgetaucht war – eine Hafenwelle.

Es gibt eine Fülle prophetischer Aussagen aus aller Welt, die besagen, dass ein gewaltiges Wirken Gottes wie eine Welle auf uns „zurollt". Wie ein Tsunami, ist es ein bereits ausgelöster Impuls, der sich unaufhaltsam nähert. Er kann nicht gestoppt werden. Er erreicht uns mit absoluter Sicherheit. Es ist eine übernatürliche Bewegung Gottes, eine Welle der Errettung, in der das Evangelium nicht mehr mit überredenden Worten menschlicher Weisheit, sondern in Erweisung des Geistes und der Kraft verkündet wird (1. Korinther 2,4). Es ist ein geistlicher Tsunami, herrlich für das Volk Gottes, aber furchtbar für seine Feinde. Im Natürlichen können wir vielleicht noch wenig sehen, der Himmel erscheint blau und das Meer spiegelglatt, doch es ist höchste Zeit, jetzt Vorbereitungen für das zu treffen, was auf uns zukommt.

So schrieb der Evangelist Reinhard Bonnke, der meiner Meinung nach derjenige ist, den Gott innerhalb der letzten 100 Jahre mehr als jeden anderen Deutschen gebrauchte, um sein Reich weltweit zu bauen, in seiner im Frühjahr 2010 erschienenen Autobiografie:

> „Der schwarze Kontinent war zum Friedhof der Männer und Frauen Gottes geworden, viel schwieriger als Amerika oder Europa heute. Doch in unserer Zeit haben wir gesehen, wie sich die Gezeiten in Afrika gewendet haben, genauso wie in Südamerika und im Orient die Ebbe zur Flut wurde. Wenn sich dort die **Flut** erheben kann, dann kann sich ebenso auch hier ein gewaltiger **Tsunami** erheben und Europa und Amerika überfluten. Das glaube ich. Wagen Sie es, es mit mir zu glauben!" (Reinhard Bonnke)

Der große Tsunami

Der folgende Text des amerikanischen Propheten und Autors Rick Joyner wurde Ende September 2011 in der Elijah List veröffentlicht. Dieses Bild, das sich auf die ganze Welt bezieht, nicht spezifisch Mitteleuropa, zeichnet zunächst kurz einen großen Überblick über das Wirken Gottes in den vergangenen 25 Jahren und vergleicht dann die kommende Bewegung mit einem Tsunami.

Joyner schreibt:

> „1987 erlebte ich eine zweieinhalbtägige prophetische Erfahrung, in welcher mir ein Panorama kommender Ereignisse gezeigt wurde, die ich in meinem Buch mit dem Titel *The Harvest* niedergeschrieben habe. Das meiste dessen, was ich damals kommen sah, hat inzwischen stattgefunden, aber das größte Ereignis von allen, nämlich die Ernte am Ende des Zeitalters, noch nicht. Jetzt rückt es näher.
>
> Jesus sagte: „Die Ernte ist die Vollendung des Zeitalters" (siehe Matthäus 13,39). Das wird die größte Ernte-Einbringung neuer Glaubender in der Geschichte werden, größer als alle vorherigen zusammengenommen. In meiner Vision kam sie in zwei **großen Wellen**. Die erste war die größte, die bis heute stattgefunden hat, aber es war nur das Einsammeln derjenigen, welche dazu berufen sind, Arbeiter zu werden in der noch größeren Welle, die nachfolgen wird.
>
> Die **erste Welle** begann kurz nachdem mir die Vision gegeben worden war und dauerte mindestens zwanzig Jahre. Während dieser Zeit kamen rund um die Welt mehr Leute zu Christus als vorher in der ganzen Geschichte bis heute. Schätzungen gemäß kamen in den Spitzenzeiten

im Durchschnitt etwa vierhunderttausend Menschen pro Tag zu Christus. Es gab Länder, in denen die Menschen schneller wiedergeboren wurden als natürliche Menschen geboren wurden. Hunderte von Millionen kamen in Afrika, in Süd- und Mittelamerika und in Asien zu Christus.

Obwohl diese **Welle** Nordamerika und **Europa** kaum zu berühren schien, steuerten diese Kontinente doch viele der Evangelisten und Arbeiter für die anderen großen Erweckungen rund um die Welt bei. Die Zeit für diese Kontinente kommt noch. Danach sah ich eine Periode relativer Ruhe, bevor die größte aller Bewegungen Gottes begann. Wir sind dem Ende dieser Zeit nahe und werden bald von einer **Welle der Erweckung** erfasst werden, wie die Erde sie noch nie zuvor gesehen hat.

Wenn ein **Tsunami** quer über die Ozeane zieht, kann man kaum ein Kräuseln des Wassers erkennen, aber sobald er sich dem Land nähert, fängt er an aufzusteigen, manchmal bis zu einer Höhe von ein paar hundert Metern. Innerhalb von Minuten kann ein ruhiges Meer sich erheben und alles wegschwemmen, was in seinem Weg ist. Obwohl es aussieht, als ob wir uns momentan in einer geistlichen Ruhephase befänden, ist ein **geistlicher Tsunami** im Kommen, und wir müssen uns darauf vorbereiten.

Das größte Problem, dem praktisch jede Gemeinde gegenüberstehen wird, ist, wie sie mit dem explosiven Wachstum umgehen soll. In der Vision sah ich kleine Gemeinden von weniger als hundert Leuten, zu denen tausend neue Mitglieder hinzugefügt wurden, und das manchmal innerhalb einer Woche ...

Ich sah Gemeinden, die so groß wurden, dass sie Fußball- und andere Stadien mieteten, in denen sie ihre Gottesdienste abhielten. Manchmal versammelten sich Hunderttausende von Menschen in Parks und riesigen Versammlungen im Freien, nur um Bibellehrer zu hören, den Herrn zu preisen und ihn anzubeten. Nicht nur ganze Städte kamen zu Christus, sondern auch ganze Nationen, so dass das Land selbst zu so etwas wie einer riesigen Gemeinde wurde …

Sowohl die Erweckung in Wales als auch die an der Azusa Street machten fast zwei Jahre lang wiederholt rund um die Welt Schlagzeilen. Das war nur ein Vorgeschmack, ein Same, der gepflanzt wurde für das, was noch kommen wird. Die kommende Bewegung Gottes wird in gewisser Weise eine Zusammensetzung vieler der großen Bewegungen der Vergangenheit sein, aber sie wird auch irgendwie grundlegend anders sein – sie wird nicht nur eine Bewegung Gottes sein, sondern Gott selbst wird sich bewegen …

Seine manifeste Gegenwart wird so enorm sein in dem, was kommt, dass die Menschen nicht einzelnen Wahrheiten nachjagen werden oder Gottes Taten, sondern sie werden den Herrn selbst suchen. Man wird über ihn sprechen, nicht nur über das, was er tut. Es wird eine Bewegung sein, die Jesus erheben wird. Wenn er erhoben wird, werden alle zu ihm hingezogen, nicht nur zu Lehren, Projekten oder Missionen, sondern zu ihm selbst …

Was uns erwartet, wird viel zu groß sein, als dass es eine menschliche Leitung oder Strategie unter Kontrolle halten könnte. Nur der General der Himmelsheere kann es leiten, und er wird es auch tun. Es geht nicht nur darum, die Worte des Herrn zu hören, sondern darum, das Wort selbst zu hören. Die Hauptstrategie für das Kommende ist, seine Stimme zu kennen und ihm zu gehorchen. Er wird seinem Volk persönliche Anweisungen geben. Darum lesen wir in Apostelgeschichte 2,17-18, dass „in den letzten Tagen", wenn er seinen Geist ausgießt, wir Träume und Visionen haben werden und Weissagung für Alt und Jung, Männer und Frauen, was offensichtlich alle einschließt. Wir werden diese Art der Führung brauchen für das, was uns erwartet, und er wird sie uns geben, wie er es für die, die ihn suchen, immer getan hat.

Das kommende Wirken Gottes wird die größte Herausforderung sein, die wir je erlebt haben, aber sie wird auch die großartigste Zeit unseres Lebens sein. Das sind die Zeiten, die sogar die Propheten längst vergangener Tage gerne gesehen hätten. Der Herr hat seinen besten Wein für zuletzt aufbewahrt, und viele, die dies lesen, werden die größte Bewegung Gottes aller Zeiten bezeugen.

Es ist gut und richtig, die Ehre zu schätzen zu wissen, in diesen Zeiten zu leben, aber auch, sie als die große Verantwortung zu sehen, die sie darstellt. Wem viel gegeben ist, von dem wird auch viel verlangt werden, und dies wird eine Zeit sein, in der viel Arbeit getan werden muss." (Rick Joyner)

Gemeinde, der himmlische Wecker klingelt!

Ich persönlich schätze sehr die prophetischen Worte des Amerikaners Dr. Tim Sheets, die in Elijah List veröffentlicht werden. Am 24. August 2014 gab er das folgende prophetische Wort weiter:

„Der himmlische Wecker läutet gerade auf dem Nachttisch einer schlafenden Kirche. Zeit, sich zu erheben, Zeit, sich der Situation gewachsen zu zeigen, Zeit aufzustehen! ...

Große Erweckungsfeuer werden sich nun, da Meine Erweckung zu rollen beginnt, durch die von Fürbitte durchtränkten Gebiete hindurchbrennen. Diese Gebiete werden nun durch Meine Herrlichkeit aktiviert werden. Mein Rütteln ist da. Ich erschüttere die Erde. Ich erschüttere den Himmel. **Mauern**, Festungen, **Hindernisse** und die Abwehrkräfte der Hölle werden abgeschüttelt und mein Überrest freigeschüttelt werden. Mein Rütteln wird uralte Brunnen der Erweckung öffnen. Die Erweckung im Mutterschoß Meiner Fürbitter wird nun geboren werden ...

Mein größter Feldzug auf Erden ist fällig. Verkünde ihn, sagt der Herr. Richte deine Worte nach Meinen aus, so werden sich Engelsmächte mit dir gleichrichten. Bringe dich in deinem Gebiet mit den Engelsmächten in Übereinstimmung und Ich werde in deinem Land die Koordination beschleunigen. Ja, jetzt ist Erweckung. Jetzt ist die Ernte, sagt der Herr. Jetzt ist der Sieg, sagt der Herr. Erhebe dich und verfolge Meine Anliegen. Erhebe dich und brülle. Erhebe dich und kämpfe. Erhebe dich und strahle. Dein Licht ist gekommen und die Herrlichkeit des Herrn erstrahlt über dir." (Tim Sheets)

Wenige Tage später, am 31. August 2014, gab Tim Sheets eine daran anknüpfende Botschaft weiter:

„Der Herr sagt: Ich habe bestimmt und werde nun dafür sorgen, dass eine neue Zeit hervorbricht. Worum du gebetet und gekämpft hast, wofür du gestanden bist, wird nun freigesetzt. Ich habe es verkündet und Ich werde nicht einlenken, sagt der Herr. Der größte Vorstoß Meines Reiches wird nun beginnen. Die dritte große Erweckung wird sich nun in Form von **Flutwellen** Meiner Kraft ausbreiten. Es ist die Zeit Meiner **Sturmflut**, sagt der Herr ...

Und nun werde Ich Erweckungsfeuerspritzen offenbaren, das sind Orte, die das Feuer des Heiligen Geistes ausströmen. Tornadofeuerwirbel werden durch die Regionen sausen. Den Baalspropheten werde Ich nun mit Feuer antworten, sagt der Herr. Das Feuer Meiner Herrlichkeit wird von den Winden des Heiligen Geistes angefacht werden. Die Hölle wird es nicht auslöschen können. Die höllischen Hindernisse werden sogar zu seinem Treibstoff werden. Ich komme in Flammen. Ich werde brennen. Ich werde mit dem Feuer des Heiligen Geistes verzehren.

Ich sende Feuer, sagt der Herr, frisches Feuer, Feuer vom Himmel und Meine Krieger, die Teil Meines Überrests sind, werden mit Meiner Botschaft brennen. Sie werden mit Meiner Leidenschaft brennen. Sie werden mit Meiner Gegenwart brennen …

Es ist Zeit für ein neues Pfingsten, und Ich bin gerade dabei, ihm Odem einzuhauchen und es zum Leben zu erwecken. Du wirst die Süße Meiner Salbung einatmen. Du wirst das Vertrauen in Meine Vollmacht ausstrahlen. Du wirst im Wesenskern Meines Seins leben. Du wirst den Wind des Heiligen Geistes erleben und du wirst anders kämpfen …

Es ist die Zeit Meiner Erweckung. Es ist die Zeit Meiner Ernte. Es ist der Tag der Heiligen. Es ist der Tag Meiner Vollmacht. Steh auf mit Mir und laufe in eine neue Zeit hinein. Erhebe dich mit Mir und geh vorwärts in deine Bestimmung hinein. Erhebe dich mit großer Entschlossenheit. Steh auf und empfange dein Pfingsten. Steh auf und erhebe dich mit Mir, sagt der Herr.

Erhebe dich und laufe in eine neue Bestimmung und Zeit hinein. Steh auf. Steh auf und laufe in die Tage Meiner Vollmacht hinein. Es ist der Tag Meiner Kraft, sagt der

Herr. Es ist der Tag Meiner Vollmacht. Es ist der Tag Meiner Erweckung. Es ist die Zeit meiner großen Ernte." (Tim Sheets)

Die größte Überraschung Gottes für die ganze Welt

Horacio M. Valera, ein Bibellehrer aus Argentinien mit einem großen Herz für Deutschland, gab mir am 13. Mai 2012 einen prophetischen Eindruck weiter, der diesem Bild sehr ähnlich ist und sich auf Deutschland bezieht:

> „Europa wird durch das Feuer des Heiligen Geistes in Brand gesetzt. Und der Docht ist Deutschland! Eine Stadt nach der anderen wird aufwachen in einer echten Erweckung, wie sie nie zuvor gesehen wurde. Und die Berichte über Erweckung werden nicht nur aus den größten Städten stammen, sondern auch sogar aus den kleinsten Dörfern. Und aus dem Feuer des Altars Deutschlands wird das Feuer des Heiligen Geistes die anderen Nationen Europas erreichen. Jetzt kommt die entscheidende Zeit für die ganze Gemeinde Jesu …
>
> Die **Dämme** und **Deiche** werden bald zerstört und der **Strom** der Gnade wird das Land total überfluten. Jeder Versuch, die Dinge wieder unter Kontrolle zu bringen, wird ganz nutzlos sein. Viele werden sich darüber ärgern. Einige werden auch versuchen, rückwärts zu gehen. Aber das wird nicht gelingen. Gottes Volk wird sich darüber sehr freuen und jauchzen. In den nächsten Jahren und sogar in den nächsten Monaten wird Deutschland die größte Überraschung Gottes für die ganze Welt, auch für die Deutschen." (Horacio M. Valera)

Ein Lied aus dem 2. Jahrhundert

Zum Abschluss dieses Kapitels möchte ich noch einen ungewöhnlichen Text aus dem 2. Jahrhundert zitieren. Es ist ein Text aus den „Oden Salomos", einer Sammlung von 42 christlichen Hymnen, die um 130 n. Chr. verfasst wurden. In einer dieser Oden heißt es:

> „Er selbst legte uns den Lobpreis für seinen Namen in den Mund, damit unser menschlicher Geist seinen Heiligen Geist preise. Was als ein Bach entsprang, wurde ein breiter, mächtiger **Strom**, der alles fortreißt und zerstört ..., ohne dass Menschen ihn aufhalten oder kunstvoll durch **Dämme** begrenzen können. Der **Strom** überflutete das Antlitz der Erde und erfüllte alles.
>
> Da tranken alle, die Durst hatten auf der Erde, und ihr Durst wurde endgültig gestillt. Denn der Höchste selbst gab ihnen zu trinken. Selig sind die, die diesen Trank ausschenken, weil Gott ihnen sein Wasser anvertraut hat.
>
> Die Menschen konnten ihre ausgedörrten Lippen wieder beleben und ihren gelähmten Willen wieder munter machen. Selbst wo ein Leben fast am Ende war, konnten sie es dem Tod abjagen, und Glieder, die schon ihren Dienst versagten, wurden wieder munter gemacht. Die den Trank ausschenken, schenkten ihnen Kraft zum Vertrauen und ihren Augen Licht. Denn alle erkannten, dass sie zum Herrn gehören und leben vom Wasser der Ewigkeit.
>
> Halleluja!"

Kapitel 4

Millionen werden das Heil Gottes sehen

Im Laufe der Jahre erhielt ich zahlreiche prophetische Worte, diktierte Texte und Bilder, die sich häufig auf Mitteleuropa bzw. die deutschsprachigen Nationen bezogen. Im Folgenden möchte ich einige davon weitergeben.

Das große Kreuz

Am 26. Dezember 1998 sah ich ein sehr eindrückliches Bild. Ich wusste innerlich, dass es für unsere Nation Deutschland galt:

„Alles ist schwarz und völlig dunkel. Irgendwo lodern orange Flammen wie ein Höllenfeuer, sie sind gigantisch groß. Nur Schwärze und diese Flammen sind zu sehen.

Dann bemerke ich weit unter mir Menschenmassen, die sich als große Menge auf einer großen, sehr breiten, ebenen „Bahn" eintönig in Richtung der Flammen bewegen. Die Menschen schieben sich geradezu vorwärts. Es sind Millionen, sie marschieren stumm und alles wirkt äußerst beklemmend.

Ich bewege mich von meiner Position hin zu den Flammen und sehe, dass die Straße in der gesamten Breite plötzlich abreißt und die Menschen in einen Abgrund stürzen.

Dieser Abgrund ist wie ein unsagbar tiefer Schacht, dessen Grund nicht zu erkennen war.

An der Kante zum Abgrund versuchen Leute umzukehren, zurückzukommen, zu schieben, es herrscht Panik, aber die Masse schiebt sich unaufhaltsam und gleichmäßig in den Abgrund hinein.

Ich bewege mich wieder in eine hohe Position oberhalb der Bahn und sehe plötzlich, wie diese Bahn von gewaltigen Erschütterungen bewegt wird, es ist wie Detonationen, wie mächtige Erdbeben. Mitten auf der Bahn scheint es etwas wie eine große Explosion zu geben, der Boden bricht auf und von unten schiebt sich ein unvorstellbar großes, mehrere hundert Meter hohes Kreuz empor. Dieses gigantische Kreuz ist derb, grob, klobig und wirkt gedrungen. Am Kreuzsockel sammeln sich große Geröllberge. Diese Geröllhügel, sie sind ganz schwarz, versperren den Weg zum Abgrund, zum züngelnden Feuer. Am Kreuzschaft sind sie hoch aufgetürmt, am Rande der Bahn werden sie flacher und ich sehe, wie Menschen sie überklettern, um ihren Weg zum Abgrund fortzusetzen, ansonsten ist die Bewegung der Menschenmasse gestoppt. Alles steht. Es ist dunkel, schwarz mit dem gespenstischen orangen Feuerschein.

Plötzlich beginnt das Kreuz, sich im unteren Bereich zu verändern. Leuchtendes Gold taucht – von unten kommend – auf. Der ganze Kreuzschaft verwandelt sich in strahlendes, von innen leuchtendes Gold, das sich langsam, sehr langsam, nach oben ausbreitet. So verwandelt sich das gesamte Kreuz in Gold. Auf einmal erkenne ich, dass Jesus an diesem Kreuz hängt und dass auch sein Körper sich völlig in Gold verwandelt.

Nach einer längeren Zeit beginnt das Gold auch unter der wartenden Menschenmenge aufzustrahlen. Es breitet sich hier ebenso aus wie auf dem Kreuz. Goldene Menschen, die ihr Umfeld erleuchten. Das Gold bricht an etlichen Stellen in der großen Menschenmenge auf und greift überall um sich. Überall entstehen goldene Flecken, die größer werden und wachsen." (Martin Baron)

Mitteleuropa: Feuer und Erschütterungen

Im Sommer des Jahres 2000 reisten verschiedene Gebetsteams von Christen aus Uganda durch Deutschland, um für unsere Nation in Fürbitte einzutreten. Ich reiste einige Zeit lang mit einem der Teams mit und erlebte während einer Gebetszeit am Abend des 18. Juli 2000 in Strittmatt folgende Vision:

„Ich kam auf eine grasbewachsene, sanft gewölbte Hügelkuppe, die sich sehr weit oben befand. Ich ging zu Jesus, der auf dem Hügel stand. Er war mit einem weißen Gewand, strahlend hell, bekleidet ... Er sagte: ‚Heute will Ich dir zeigen, was mit einem Land geschieht, das keine Buße tut!'

Er führte mich auf dem Hügel ein Stück nach rechts und ich sah einen schultafelartigen Ständer, in dem eine Landkarte von Mitteleuropa eingespannt war. Im Norden war Dänemark eingeschlossen, der Süden reichte etwa bis Neapel.

Während ich schaute, kam an etlichen Stellen aus der Karte gleichzeitig Feuer hervor. Die Karte verbrannte allerdings nicht. Überall waren kleine Feuerherde zu sehen, ähnlich wie Miniatur-Lagerfeuer. Diese Feuer waren nicht gut und nicht göttlichen Ursprungs. Sie zeigten das Auflodern des Bösen und Widergöttlichen überall im Land.

Dann wurde mir gesagt: Das Böse wird überall auflodern im Land. Es wird sich ausweiten und will das ganze Land bedecken. Die Finsternis wird sehr zunehmen. Scharen von Christen werden abfallen, denn es wird etwas kosten, sich zu Mir zu bekennen. Auch viele echte Christen werden fallen und sich scheuen, den Preis zu bezahlen. Die Gemeinde wird klein werden. Sie wird zusammenkommen. Sie wird eine Herde sein. Und sie wird herrlich sein. Sie wird das volle Maß der Fülle Gottes in sich haben. Sie wird ein hell strahlendes Licht sein und die Finsternis muss vor ihr zurückweichen.

Licht und Finsternis werden sehr klar getrennt sein. Jeder Mensch wird sich klar entscheiden müssen, wo er stehen will. Jeder Mensch wird in völliger geistlicher Klarheit seine Entscheidung für Gut oder Böse treffen.

Aber die Herrlichkeit des Volkes Gottes wird strahlend sein. Unmengen Menschen werden dazuströmen. Fast alle Abgefallenen werden zurückkehren und tiefe Buße tun und mächtige Krieger gegen das Reich der Finsternis werden. Millionen werden gerettet werden, auch sehr starke Leiter und Führer der Finsternis!

Dann hörte ich noch: Es kommt der Zeitpunkt, wo es jedermann absolut etwas kostet, sich zu Mir zu bekennen!

Ich sah die Karte wieder an und sah, dass Mitteleuropa völlig golden geworden war."

Beim Notieren dieses Bildes sprach der Herr einige Tage später zu mir. Er sagte Folgendes:

„Martin, das Land tut keine Buße. Die Sünden der vom feind verführten Menschen schreien zum Himmel. Ich werde erschüttern. Ich werde einreißen. Ich werde überfluten. Martin, Ich werde das Land überrollen. Ich werde Licht und Finsternis trennen. Das Dämmerlicht wird verschwinden. Jeder wird wissen, wo er steht.

Mein Volk wird heilig sein und es wird klein sein. Ein auserwähltes Volk. Ich werde ihm hohe Vollmacht geben. Die Vollmacht der ersten Christen und noch mehr.

Der feind fürchtet sie unaussprechlich. Er weiß, wenn dieses Volk kämpfen wird, wird er das Land verlieren. Und das Volk wird kämpfen, getrieben vom Geist Gottes.

In Herrlichkeit werden sie das verwüstete Land einnehmen. Es wird unsagbare Herrlichkeit sein und unsagbare Finsternis. Direkt nebeneinander.

Wer immer gerettet werden will, wird ins Licht treten können. Es werden Zeichen und Wunder in nie dagewesener Weise sein. Deutschland wird zum Staunen für die Welt werden. Alle Welt wird gebannt nach Deutschland schauen. Wie schon einmal vor einigen Jahrzehnten. Und Ich werde eine Armee des Lichtes nach Europa von Deutschland ausgehen lassen. Und in die ganze Welt ...

Ich werde Mein Volk wirklich treiben mit Meinem Geist.

Namenlose Christen werden plötzlich von mir an Orte gestellt, wo sie kraftvolle Taten tun und dann wieder verschwinden, weil Ich sie anderswo einsetze. Es wird kein Platz für menschliche Ehre sein, für große Namen oder florierende Werke.

Alle werden nur ein Interesse haben: die Herrlichkeit des Reiches Gottes auszuweiten und Mir alle Ehre zu geben. Menschen, die sich selbst verherrlichen wollen, werde Ich nicht dulden; Stolz wird im Volk Gottes nicht sein, denn jeder Stolze wird weggetan werden.

Martin, dies wird schneller geschehen als du glaubst.

Erschütterung ist noch nicht Gericht. Erschütterung trennt Spreu vom Weizen. Um Frucht einzubringen muss gedroschen werden. Das Dreschen ist gut – aber hart.

Martin, in diesem Land gibt es unvorstellbar viele Menschen, die Ich retten werde. Fast alle sind völlig verblendet, auch aus Meinem Volk. Durch das, was auf Deutschland kommt, werde Ich Menschenmassen retten. Ich werde Klarheit schaffen und den Menschen die Augen öffnen. Auch denen, die in der Finsternis bleiben werden.

Martin, sage meinem Volk: „Es kommt der Tag, wo es dich persönlich alles kosten wird, Mich zu bekennen. Bereite dich darauf vor und mache dich fest in deiner Wahl. Trenne dich jetzt von Dingen, an denen dein Herz hängt, damit das Leid dich nicht übermannt. Martin, wer das Leben verliert, der wird es gewinnen!"" (Martin Baron)

Der Feuerball

Am 4. Mai 2000 sah ich während einer Zeit der Anbetung folgendes Bild:

„Ich war in der Luft, sehr hoch, und sah Mittel- und Westeuropa aus südöstlicher Sicht. Es lag im Dämmerlicht, relativ dunkel, aber die Geografie und Topografie war gut zu erkennen. Dann sah ich einen riesigen Feuerball am Himmel wie einen Kometen richtig züngelnd brennen. Er fiel mit großer Geschwindigkeit auf Europa und zwar in den Bereich Mitteldeutschlands. Er war sehr groß und hatte einen Umfang von etwa 1/20 der Fläche Deutschlands. Allerdings verschwand der Feuerball bei seinem Auftreffen völlig. Es gab keinen Aufprall, keine Erschütterung, keine Detonation. Er verschwand einfach, richtig sanft.

Das Land war, genau wie vorher, immer noch dunkel. Es schien, als ob sich nichts verändert hätte.

An der Stelle, wo der Feuerball niedergefallen war, begann das Land sich langsam zu verfärben. Ich stellte fest, dass es glühte. Es glühte wie eine Metallplatte, die man von unten erhitzt, die erst rot und später heller wird, bis sie zuletzt glühend weiß ist. Die Landfläche wurde in dem Bereich, wo der Feuerball verschwunden war, nach einiger Zeit strahlend weiß.

Dieses Glühen breitete sich völlig gleichmäßig nach allen Seiten kreisförmig aus. In der Mitte weißglühend und nach außen hin langsam abkühlend, erstreckte sich dieser Kreis über weite Teile Mittel- und Westeuropas. Der glühende Bereich verlief im Kreis etwa über die Mitte der Länder Schweden, Norwegen, England, Spanien und Italien. Kroatien, Ungarn, Slowakei und Polen waren mit eingeschlossen.

Ich fragte, was dieses Glühen sei. Als Antwort wurde mir gegeben: ‚Der Heilige Geist!'

Ich kam dann sehr nahe an den weißglühenden Bereich in der Mitte heran. Ich sah dort Menschen mit erhobenen Händen, völlig hingegeben in Anbetung. Der heißeste Ort, der weiße Bereich, war das Zentrum der Anbetung. Dort war Heiligkeit." (Martin Baron)

Schwarz-Rot-Gold

Am Morgen des 28. März 2003 sah ich ein Bild, das die Farben unserer deutschen Flagge aufgriff:

„Ich sah Mitteleuropa von sehr weit oben, sehr dunkel und schwarz. An einigen Stellen war es wirklich tiefschwarz, zum Beispiel an einer Stelle, an der etwa Berlin liegen musste. Nach einiger Zeit sah ich ein riesiges goldenes Schwert sich langsam über die gesamte Landkarte hinwegbewegen.

Plötzlich wurde, ganz ähnlich wie bei einem Tuch, das man zur Seite zieht, die Schwärze hinweggenommen. Darunter lag das Land, ich kann es nur als ‚nackt' bezeichnen. Sofort begann sich das Land langsam rot zu färben, ähnlich wie eine Schürfwunde zu bluten beginnt oder sich Stoff langsam mit roter Farbe tränkt, bis das gesamte Land völlig blutrot dalag.

Ich hörte das Wort: Wo die Sünde mächtig geworden ist, da ist die Gnade viel mächtiger geworden! Dann verwandelte sich das rote Land langsam in glänzendes Gold." (Martin Baron)

Die Armee des Lichts

Am 31. Oktober 2009 hörte ich morgens im Geist ein Geräusch. Als ich meine Aufmerksamkeit darauf richtete, sah ich Folgendes:

„Ich hörte ein gleichmäßiges, lautes Geräusch wie von einer großen Trommel, die vollkommen gleichmäßig geschlagen wird. Es dauerte eine ganze Zeit, bis ich realisierte, dass es sich um das gleichmäßige Auftreten von Füßen handelte.

Immer wenn ein großes Heer beim Marschieren den rechten Fuß aufsetzte, erklang dieser gewaltige „Trommelschlag". Ich konnte nicht unterscheiden, ob der Klang tatsächlich vom Aufstampfen des Fußes kam, oder ob es ein separater Schlag auf eine Trommel für den Marschrhythmus war.

Aber ich sah eine gigantische Armee des Lichtes, die wie vollkommen an einer Linie aufgeschnürt absolut gleichmäßig, linealgerade das Land überschritt und vorwärtsging. Die schnurgerade Linie verlief über viele Dutzend Kilometer, so weit das Auge reichte – bis zum Horizont.

Und der Herr sagte mir, dass diese Armee des Lichts eine geistliche Armee sei, die er freigesetzt hat und die den ganzen Kontinent überschreiten wird. Er sagte, dass in der geistlichen Welt große Veränderungen stattfinden, gewaltige Schlachten, doch dass diese Armee unaufhaltsam vorwärtsgehen wird.

Es sind himmlische Heere, die auf diesen Zeitpunkt gewartet haben und nun freigesetzt sind, um das Reich Gottes zu offenbaren. Sie durchschreiten den Kontinent. Gleichmäßig, souverän, unaufhaltsam. Und das Land hinter ihnen ist wie in einen Schleier, einen Nebel von Licht getaucht. Es ist wie ein gigantischer Reinigungsapparat, der den Schmutz des Landes abwäscht und Reinheit hinterlässt.

Und der Herr sagt: Diese Armee marschiert bereits. Diese Armee durchschreitet das Land bereits, durchschreitet den Kontinent bereits und nichts wird sie aufhalten können.

Myriaden. Myriaden. Und der feind flieht. Er hinterlässt verbranntes Land, verdorrten Boden, Vernichtung, Chaos, Schmerzen, Krankheit, Elend, Not, Mangel – doch Millionen werden das Heil Gottes sehen." (Martin Baron)

Ein Land, das sich auf die Herrlichkeit Gottes zubewegt

Ich erlebe ab und zu etwas, was ich ein „Prophetisches Diktat" nenne. Es entspringt in der Regel einer Zeit intensiven Gebets, in der ich irgendwann empfinde, dass der Herr mir etwas Bedeutsames mitteilen möchte. Am 2. März 2005 diktierte mir der Herr Folgendes:

„So spricht der Herr: Ihr seht ein Land voller Schwierigkeiten, voller ungelöster Dinge, ein Land, das kämpft.

Ein Land, in dem die Christen in der Minderzahl sind, eine kleine Randerscheinung darstellen, ein Land, das abgefallen ist. Das sich entfernt hat von der guten Lehre, von all dem, was wohllautend ist. Das Mein Wort, Meine Mahnungen, Meine Weisungen mit Füßen tritt und verlacht. Es ist ein gottloses Land. Ein Land voller gefallener Menschen, voller enttäuschter Menschen, voller desillusionierter Menschen, voller suchender Menschen, die an falschen Quellen bitteres Wasser trinken, die Brackwasser schöpfen. Die irre gehen. Es ist ein Land, das in der Wüste ist – geistlich gesehen.

Ein Land mit schwachen, kleinen Gemeinden, mit kämpfenden Christen. Ein Land, von widergöttlichen Kräften und Mächten gesteuert. Ein Land auf dem Weg in den Ruin, den geistlichen Ruin.

Ihr seht ein Land, für das es geistlich gesehen keine Hoffnung zu geben scheint. In dem sich alles nur um sich selber dreht. Ein verführtes und geschlagenes Land.

Aber hört! Wo der feind viel kämpft, gibt es auch viel Grund dafür, dass er kämpft. Und dieser Grund ist der, dass er erkennt und sieht und erahnt, was Ich tun will. In welcher Art und Weise Ich wirken will. Wie Ich Mich verherrlichen will und werde.

Und Ich sehe dieses Land voller Liebe an, mit Augen voller Erbarmen. Und ich sehe es voller Freude an. Denn Ich sehe, was kein Mensch und kein Engel erahnen können. Ich sehe das, was Ich in diesem Land noch tun werde. Ich sehe das, was Ich für dieses Land bereitet habe. Ich sehe das, was an Segen und Wohltat aus diesem Land herausströmen wird – nach Europa und in die ganze Welt.

Lasst euch nicht von dem beeinflussen, was ihr momentan seht, mein Volk. An Schwäche, an Sünde und Ohnmacht. Ich selbst werde dieses Volk heimsuchen, es erschüttern, und es aus der Hypnose des feindes reißen. Ich werde Mich ihm offenbaren. Und Ich werde dieses Volk und dieses Land gebrauchen, um Mich zu verherrlichen. Und Ich werde euch dazu gebrauchen, euch dazu einsetzen, euch benutzen als Werkzeuge für die Offenbarwerdung der Herrlichkeit Gottes.

Geht weiter, Meine Kinder, geht schnurgerade den Weg weiter, den ihr eingeschlagen habt. Ich werde euch sehr große Beute geben, sehr großen Sieg, sehr große Ehre und ein sehr großes Volk, das euch nachfolgt. Geht in Kühnheit und Klarheit und Entschlossenheit, denn Ich bin es, der es hervorbringt. Geht der Wolke der Herrlichkeit hinterher, wie das Volk in der Wüste.

Und ihr werdet das Land einnehmen und Dinge sehen, die kein Mensch in Deutschland für möglich hält. Ihr habt sehr Großes von mir erbeten. So schaut nicht auf die Wüste, schaut nicht auf den Weg, sondern schaut auf das Ziel. Schaut auf Mich, schaut auf das, was Ich tun werde. Schaut auf Meine Herrlichkeit.

Noch zu eurer Lebzeit werdet ihr sehen, dass dieses Land völlig verwandelt wird. Verwandelt, nicht durch Heer oder Kraft, sondern durch Meinen Geist, der Menschen leitet, Meine Werke zu tun und in Meinen Werken zu wandeln. Und das sollt auch ihr tun. Seid ermutigt, seid kühn, seid klar, seid entschlossen. Schaut nicht auf die Hitze, schaut nicht auf die Kälte. Schaut nicht auf den Staub und nicht auf den steinigen Weg.

Der feind sieht euch kommen, und er zittert. Denn er kennt eure Stärke, von der ihr so wenig ahnt. Er weiß, wozu Menschen im Stande sind, die sich mir hingeben, gehorsam sind. Er weiß, dass sein Herrschafts- und Machtbereich gefährdet ist in diesem Land, wie nie zuvor (auch zur Reformation nicht!). Dieses Land bewegt sich auf etwas zu, das mehr ist als die Reformation – auf die Offenbarwerdung der Herrlichkeit Gottes.

Seid nicht bekümmert, denn der steinige Weg, den ihr geht, bahnt einen Weg für Hunderttausende – viele Hunderttausende von Menschen, hinein in Heil und Kraft und Vollmacht. Alle Krankheit, aller Mangel, alle Schwierigkeiten sind nicht Zufall oder Willkür, sondern die Führung durch die Wüste.

Und wenn ihr aus dieser Wüste heraustreten werdet, um das Land der Verheißung einzunehmen, werdet ihr angetan sein mit der Kraft aus der Höhe, wie es nur wenige Menschen je zuvor gewesen sind.

Ihr habt euch nach sehr viel ausgestreckt, ihr werdet sehr viel empfangen. Vertraut Mir!

Dieses Wort ist wahr. Es ist ein Wort der Ermutigung, dass es weitergeht für euch, Meine Kinder." (Martin Baron)

Ein großes Fragen nach dem Herrn

Ein anderes dieser „Prophetischen Diktate" empfing ich am 8. Oktober 2014. Es war der Zeitpunkt der zweiten Mondfinsternis in der Tetrade der vier „Blutmonde". [17]

---

[17] Die Rabbiner lehren, dass Mondfinsternisse als „Blutmonde" bekannt sind. Sie gelten seit jeher als ein Zeichen für das Gericht über Israel. „Tetrade" ist der Name von vier (an besonderen Terminen) aufeinanderfolgenden Mondfinsternissen – 2014 und 2015 jeweils exakt am biblischen Passah- und Laubhüttenfest. Es ist ein äußerst seltenes Ereignis, das von vielen Christen weltweit als starkes prophetisches Reden Gottes verstanden wurde. Auf unserer Webseite www.gottes-haus.de bieten wir dazu ein erläuterndes Seminar-Video an.

„Der Herr der Heerscharen spricht: In dieser Nacht des Blutmondes verkündige Ich, was in Israel, Deutschland und der Welt geschehen wird.

Es werden neue Zeiten von Erschütterung eingeläutet. Ihr habt schon oft davon gehört, doch jetzt werden sie wirklich beginnen. Ich werde anfangen, Mein Gericht an einzelnen Nationen zu zeigen, die sich gegen Mich und gegen Mein Volk stellen.

Dinge, die bisher als unerschütterlich galten, werden erschüttert werden. Institutionen, die bisher als Bollwerke galten, werden zerbröseln. Systeme, die als uneinnehmbar galten, werden zerstört werden. Es wird Skandale und Offenbarungen geben, dass den Leuten die Ohren gellen werden. Das Vertrauen in die Gesellschaft, die öffentliche Ordnung, wird rapide abnehmen und es wird ein sehr, sehr großes Fragen nach dem Herrn und dem Reich Gottes unter den Menschen auftreten. In Deutschland ganz massiv, in Israel ganz massiv. In Europa ganz massiv. Und es werden Dinge in Bewegung kommen, die bisher als vollkommen unbeweglich galten. Es werden Dinge in Bewegung kommen, wo die Menschen erkennen: Es kann nur durch die Hand Gottes geschehen.

Eines der Zeichen werden große Erdbeben sein – und es wird nicht lange dauern, bis sie kommen.

Eines der Zeichen wird ein in großen Teilen der Welt existierendes Flugverbot sein – und es wird nicht lange dauern.

Eines der Zeichen wird sein, dass der Fluch von Ebola eingedämmt wird.

Eines der Zeichen wird sein, dass ein namhafter europäischer Politiker auf offener Straße erschossen wird.

Eines der Zeichen wird sein, dass die Vereinigten Staaten von Amerika in gewaltige Probleme hineinkommen. Gewaltige Probleme.

Eines der Zeichen wird sein, dass Ich in Meinem Volk die Vollmacht, die Ich ihnen verheißen habe, wiederherstelle in großer Autorität, in großer Kraft. Heilung, Befreiungen und große Zeichen und Wunder werden an der Tagesordnung sein in Tausenden von Gemeinden.

Totenauferweckungen werden in einer großen Zahl von Gemeinden ein normales Erlebnis auf Gebet (hin) sein.

Freisetzung großer Finanzen, großer Ressourcen, großer Gebäudekomplexe aufgrund von Gebet wird für viele Gemeinden normal sein.

Mein Volk wird beten und es wird geschehen.

Und während in der Welt entfesselte Mächte des feindes wüten und großes Unheil anrichten, großen Schrecken anrichten, große Verwirrung anrichten, wird Mein Volk stehen wie eine Armee und kühn vorwärts marschieren. Es wird wirklich so sein, dass man einen Unterschied erkennt zwischen denen, die Gott dienen und denen, die Gott nicht dienen.

Nicht durch Heer oder Kraft, spricht der Herr, sondern durch Meinen Geist. Mein Geist wird Menschen in einer Art und Weise leiten, wie dies seit Jahrhunderten nicht mehr geschehen ist. Mein Geist wird Zeichen und Wunder freisetzen, wie dies seit Jahrhunderten nicht mehr geschehen ist.

Die Welt wird aufschreien, wenn sie sieht, wie Mein Volk mit Meiner Autorität ausgestattet wird. Sie wird aufschreien, denn sie weiß, dass das Offenbarwerden der Söhne Gottes das eigentliche Einläuten der Endzeit ist.

Der Heilige Geist und Sein Wirken wird das große Thema der kommenden Jahre sein. Das offenbare Kommen des Reiches Gottes wird das große Thema der kommenden Jahre sein.

Ich werde Menschen erheben, dieses Reich Gottes zu repräsentieren, deren Namen noch kaum jemand gehört hat, Menschen, die noch verborgen sind, in kleinen Gruppen oder allein – vorbereitet von Mir. Vorbereitet von Mir und Ich werde sie hervorrufen, wie die Armee von Gideon hervorgerufen worden ist. Auserwählte, die in geistlicher Klarheit wirklich die Macht des feindes zerschmettern." (Martin Baron)

Wenige Tage später, am 18. und 19. Oktober 2014, veranstaltete unser Dienst „Gottes Haus" unsere erste „Prophetische Gebetskonferenz". Wir nannten sie „Himmelstor" ...

Kapitel 5

Himmelstor

Ich möchte mich nun einer für unseren Dienst „Gottes Haus" wichtigen Prophetie zuwenden, die wir als deutliche strategische Richtungsweisung des Herrn für Deutschland und Mitteleuropa verstanden und aufgegriffen haben.

Anfang des Jahres 2012 reiste ich mit der ICEJ, der Internationalen Christlichen Botschaft, nach Jerusalem, um als Delegierter an der Gedenkveranstaltung „70 Jahre Wannseekonferenz" teilzunehmen. Im Flugzeug dahin las ich eine Prophetie des messianischen Juden Daniel Capri, die mich sehr bewegte. Ich betete dafür, dass es mir einmal möglich sein würde, ihn zu einem persönlichen Gespräch zu treffen.

Etwa acht Monate später waren meine Frau und ich als Begleiter für eine Reisegruppe in Israel unterwegs. In Jerusalem wurde meine Frau Sigrid plötzlich und unerwartet von extrem starken Schmerzen überfallen und musste noch am gleichen Tag im Hadassah-Krankenhaus notfallmäßig operiert werden. So blieben wir beide in Jerusalem zurück, während die Gruppe weiterreiste. Während dieser Tage ergab sich, dass wir im Krankenhaus aufgrund eines kleinen, sich fast zufällig öffnenden Zeitfensters, Daniel Capri sowie seine Frau Elisabeth, eine Österreicherin, treffen und kennenlernen konnten.

Wir sprachen über die Situation in Deutschland und den Stand seiner Prophetie, welche er bereits im Jahr 2007 erhalten hatte.

Nachdem die sehr präzise und detaillierte Prophetie zunächst relativ große Resonanz in Deutschland – und insbesondere Berlin – gefunden hatte, versandete das Bewusstsein darüber in den kommenden Monaten und Jahren immer mehr und Daniel gewann irgendwann den Eindruck, dass die Situation in Deutschland stagnierte, ja sogar, dass der von Gott gegebene Kairos-Moment verstrichen sei, was ihn außerordentlich schmerzte. Er war und ist davon überzeugt, dass es bestimmte Zeitpunkte Gottes gibt, auch für Völker und Nationen, die, wenn sie nicht genutzt werden, unwiederbringlich verstreichen. Er persönlich ist sich sicher, dass Deutschland in den letzten Jahrzehnten bereits verschiedene solche „Zeitfenster" verpasst habe. Ich erinnere mich noch deutlich, wie es ihn als prophetisch hochsensiblen Juden schmerzte, dass Deutschland wieder einen dieser Kairos-Momente zu verpassen schien.

Hier seine Prophetie aus dem Jahr 2007:

Worte des Lebens und der Ermutigung für Deutschland

„Deutschland, du stehst vor großen Veränderungen!
Die den Weg bereiten für Erweckung in deiner Nation!
Deutschland, schau nicht auf deine Vergangenheit!
Schau nicht zurück! Geh nicht an die Dinge heran mit Werkzeugen aus früherer Zeit! Der HERR hat Neues bereit! Neue Wege! Eine neue Strategie!

Gedenket nicht des Früheren, und über die Dinge der Vorzeit sinnet nicht nach! Siehe, ich wirke Neues; jetzt sprosst es auf; werdet ihr es nicht erfahren? Ja, ich mache durch die Wüste einen Weg, Ströme durch die Einöde. (Jesaja 43, 18-19)

Ich sah zwei Visionen für Deutschland:

Die erste Vision:

Ich sah die Fundamente eines großen Gebäudes. Es waren starke Fundamente, die nicht brechen und auch nicht durch Erdbeben zerstört werden können. Der HERR und die Heiligen dieser Nation haben diese Fundamente über Jahrhunderte hinweg gelegt. Auf diese Fundamente baut diese Generation das Haus des HERRN und es heißt: ERWECKUNG! Deutschland bereitet sich für den Bräutigam vor! Es bereitet sich vor für JESUS Christus!

Der Geist und die Braut sprechen: ‚Komm!' und wer es hört, der spreche: ‚Komm!' (Offenbarung 22,17)

Die zweite Vision:

Ich sah sieben Tore! Riesige Tore, die vom Himmel auf die Erde nach Deutschland kommen!

Das erste Tor ist im Norden. Das zweite Tor ist im Süden. Zwei Tore sind im Osten. Zwei Tore sind im Westen. Das siebente Tor ist im „Herzen deiner Nation".

Ich sah sieben große goldene Schlüssel. Sie kommen vom Himmel. Jeder Schlüssel gehört zu einem Tor.

In jedem Tor sehe ich eine Vielzahl von Menschen; diese sind deine Wächter, sie heben ihre Hände auf zum Himmel und laden den Herrn der Herren und den König der Könige ein, nach Deutschland zu kommen.

Erhebet, ihr Tore, eure Häupter, und erhebet euch, ewige Pforten, dass einziehe der König der Herrlichkeit! Stimme eines Rufenden: In der Wüste bahnet des Herrn Weg; ebnet in der Steppe eine Straße für unseren Gott! Wer ist dieser König der Herrlichkeit? Der Herr, stark und mächtig! Der Herr, mächtig im Kampf! Erhebet, ihr Tore, eure Häupter,

und erhebet euch, ewige Pforten, dass einziehe der König der Herrlichkeit! Wer ist er, dieser König der Herrlichkeit? Der Herr der Heerscharen, er ist der König der Herrlichkeit!
(Psalm 24,7-10)

Deutschland, du stehst vor einer großen Erweckung, die ganz Europa beeinflussen wird! Der Herr, Gott der Allmächtige, gibt dir die Schlüssel für diese Erweckung!

Die Tore und die Schlüssel der Erweckung:

Das nördlichste Tor

reicht von der polnischen bis zur holländischen Grenze. Im Zentrum dieses Tores liegt die Stadt Hamburg.

Die Farbe des Tores symbolisiert den Himmel: blau mit kleinen weißen Wolken.

Der Schlüssel, der vom Himmel den Wächtern dieses Tores (dieser Gegend) gegeben wurde, ist der Schlüssel des **Glaubens!**

Deutschland bete, dass der HERR deinem Volk mehr GLAUBEN geben wird! Unerschütterlichen Glauben – Seinen Glauben! Den Glauben eines Kindes! Den Glauben, Berge zu versetzen in dem Namen Jesu!

Deutschland, bete, dass der HERR Jesus Christus mit Seiner Macht kommt und jeglichen Geist von Unglauben zerbricht.

Das südlichste Tor

reicht von der österreichischen bis zur schweizerischen Grenze. Im Zentrum dieses Tores ist die Stadt München. Die Farbe dieses Tores ist eine Mischung aus Erde und Feuer.

Der Schlüssel, der vom Himmel den Wächtern dieses Tores (dieser Gegend) gegeben wurde, ist der Schlüssel des **Feuers des Heiligen Geistes!**

Ich sah eine riesige Fackel mit Feuer vom Himmel! Zungen von Feuer fließen von der Fackel über ganz Deutschland! Sie taufen die Menschen dieser Nation! Das ist das Feuer des Neuen Pfingsten für Deutschland! Feuer der Erweckung, das auch die Schweiz und Österreich beeinflussen wird!

Deutschland, bete, dass diese Wellen der Erweckung dein ganzes Volk taufen werden! Dass diese Wellen des Heiligen Geistes von niemandem ausgelöscht werden, in dem Namen Jesu!

Die östlichen Tore:

Hier sehe ich zwei Großstädte.

Das erste Tor im Osten ist in Berlin.

Die Farbe dieses Tores ist reines Weiß wie Baumwolle. Es leuchtet, wie wenn die Sonne auf Schnee scheint.

Der Schlüssel, der vom Himmel den Wächtern dieses Tores (dieser Gegend) gegeben wurde, ist der Schlüssel der **Einheit und Leiterschaft!**

Die Wächter in dieser Gegend haben die Aufgabe, für Einheit im Leib Christi zu beten!

Einheit zwischen den Denominationen! Einheit zwischen den Bundesländern! Einheit zwischen Deutschen und Ausländern! Betet für eine Leiterschaft, für Leiter, die den Charakter Jesu Christi haben. Betet um Weisheit, Kühnheit, das Herz eines Dieners und bedingungslose Liebe!

Betet dafür, dass der Name Jesu Christi, des lebendigen Gottes, auf jedem Berg, in jedem Tal, in jeder Region und Stadt und in jedem Dorf in Deutschland hoch erhoben wird.

Betet dafür, dass sich der Leib Christi multipliziert und mehr Gemeinden und Gebetshäuser hervorkommen, in denen der Herr der Herren und der König der Könige in Deutschland angebetet wird!

Das zweite Tor im Osten

ist in der Gegend von Leipzig. Das Tor ist aus antikem Holz kombiniert mit Olivenholz und hat in der Mitte ein großes Kreuz aus demselben Holz.

Der Schlüssel, der vom Himmel den Wächtern dieses Tores (dieser Gegend) gegeben wurde, ist der Schlüssel der **Heilung.**

Betet, dass mit dem Blut Jesu Heilung zu der Nation, zum Volk und dem Land Deutschland kommt!

Ich sah, wie Jesus Nadeln aus rostigem Eisen aus dem Leib der Nation zieht. Es schmerzt! Er bringt die erfolglose Operation, die an diesem Volk vorgenommen wurde, zu einem guten Ende! Er fügt den zerbrochenen Leib wieder zusammen! Es ist ein vereintes Deutschland – ein lebendiger Leib!

Er wäscht die Nation mit heilendem Salböl! Das Öl verbreitet Wohlgeruch. (Ich kann den Duft von Rosen, Lavendel und Honig riechen). Betet, dass die Früchte dieser Heilung mächtig und stark sein werden. Betet, dass diese Heilung aus dem Osten ins ganze Land fließt.

Die westlichen Tore:

Das erste Tor im Westen

reicht von Nordrhein-Westfalen bis zur Gegend von Frankfurt.
Die Farbe dieses Tores ist wie ein Regenbogen mit Musik und sprüht vor Leben und Freude.
Der Schlüssel, der vom Himmel den Wächtern dieses Tores (dieser Gegend) gegeben wurde, ist der Schlüssel der **Anbetung und der jungen Generation!**

Betet, dass neue prophetische Anbetung aus dem Himmel nach Deutschland kommt! Anbetung, die den Weg für Erweckung vorbereiten wird!

Der Herr bereitet Hunderte und Tausende Mütter und Väter für diese Erweckung vor! Sie werden Seine Söhne und Töchter in Deutschland zum Leben führen! Das ist die „Joshua Generation" von Deutschland! Sie werden radikal sein für Jesus und werden Ihm nachjagen! Sie werden Sein Herz berühren! Sie werden sich an Ihm festhalten und nicht loslassen! Sie werden nicht zulassen, dass Er Deutschland verlässt! Sie werden die Brücke zu den Herzen ihrer Eltern sein!

Ich sah, wie diese „Junge Generation" auf den Straßen Deutschlands tanzte und den Herrn pries! Das wird das Zeichen für „Die Erweckung" sein, die von Deutschland in große Teile Europas hineinfließen wird!

Deutschland bete, dass die junge Generation noch viel näher zum HERRN hingezogen wird! Betet für Freiheit im Geist! Betet, dass der HERR sie von jeder Art von Bindung freisetzt!

Das zweite Tor im Westen

reicht vom Rheinland bis Konstanz, und in der Mitte dieses Tores ist die Großstadt Stuttgart. Das Tor ist aus leuchtendem Gold. In der Mitte des Tores sah ich einen goldenen Löwen, der brüllte. Jedesmal, wenn er brüllte, öffnete sich der Himmel über Deutschland und die Herrlichkeit Gottes kam zu deiner Nation!

Der Schlüssel, der vom Himmel den Wächtern dieses Tores (dieser Gegend) gegeben wurde, ist der Schlüssel der **Fürbitte und Kampfführung!**

Ich sah, wie Tausende Wächter die Nation gegen böse Geister verteidigte, welche die Erweckung verhindern wollen!

Einige dieser Wächter benutzen Trompeten (Schofarhörner) und vertreiben die dunklen Wolken, die den Himmel Deutschlands bedecken. Ihre Fürbitte und Kampfführung beschützen den „offenen Himmel" über der Nation!

Deutschland bete, dass der HERR mehr Gebetskämpfer für deine Nation hervorbringt! Betet, dass sie die Strategie des feindes sehen und verstehen und die richtigen Waffen dafür haben, um die Festungen in dieser Nation niederzureißen! Betet, dass die Herrlichkeit Gottes kommt und in Deutschland bleibt!

Das siebte Tor:

Das **siebte Tor** befindet sich im Herzen Deutschlands! Es ist das Tor in den Himmel, das zum Herz des Vaters führt! Die Farbe dieses Tores ist rot, wie das Blut des Lammes – es ist ein Tor zum Leben!

Ich sah ein riesiges Herz aus Fleisch und Blut. Es schlägt voller Liebe! Wellen der Liebe und sanftes Feuer fließen vom Herzen des Vaters zu den Kindern in Deutschland und ganz Europa!

Und er wird das Herz der Väter zu den Söhnen und das Herz der Söhne zu ihren Vätern umkehren lassen.
(Maleachi 3,24a)

Der Schlüssel, der vom Himmel den Wächtern im Zentrum dieser Nation gegeben wurde, ist der Schlüssel der **Liebe!**

Sie vermitteln die wahre Liebe zwischen Brüdern und Schwestern! Eltern und Kindern! Ehemännern und Ehefrauen! Dafür zu beten, dass Deutschland zu den Füßen Jesu kommt mit einer Einstellung der Wiederherstellung und bedingungsloser Liebe!" (Daniel Capri)

Die Entwicklung zur „Himmelstor"-Konferenz

Wenige Wochen nach unserem unerwarteten Treffen mit Ehepaar Capri in Jerusalem besuchte ich, durch ungewöhnliche Umstände geleitet, eine Veranstaltung in Hamburg, die den Titel „Open the North Gate" trug. Es war eine sehr bewegende, äußerst prophetische Konferenz mit ca. 150 Teilnehmern, die 34 Nationen repräsentierten, und sie fand in großer geistlicher Freiheit statt. Ich empfand, dass ich seit vielen Jahren keine so stark durch den Heiligen Geist geleitete Veranstaltung besucht hatte. Es berührte mich tief. Es war eine gemeinsame Initiative von „Tabernacle of David Hamburg", geleitet von Marek und Agnes Piątak, und dem „David Prayer House" aus England und es ging darum, für das „Nördliche Tor" direkt in Hamburg zu beten.

Der Event, der sehr frei, mit viel Lobpreis und unterschiedlichsten prophetischen Worten und Zeichenhandlungen verlief, hatte eine klare strategische Ausrichtung, bis es zum Höhepunkt, dem eigentlichen Gebet für das Nordtor kam. Alle Teilnehmer aus Deutschland stellten sich stellvertretend zusammen und die Geschwister aus den zahlreichen anderen Nationen standen betend um uns herum.

Dabei hatte ich ein eindrückliches geistliches Bild.

Eine Frau aus Skandinavien legte mir während des Gebets segnend die Hand auf den Rücken. Innerhalb sehr kurzer Zeit befand ich mich inmitten des himmlischen Thronsaales. Es waren große Ansammlungen – Heere – von Engeln und Menschen zu sehen, die auf den Thron in der Mitte des gigantischen goldenen Raumes ausgerichtet waren und den Herrn anbeteten. Der Thron selbst war nicht zu sehen. Um ihn herum befand sich eine leuchtende Wolke der Herrlichkeit, in der es funkelte, blitzte und leuchtete. Aus dieser Wolke heraus floss der Strom des Heiligen Geistes. Er loderte, pulsierte und war wie ein Gemenge aus Feuer, dünnflüssiger Lava, Wasser, Licht ... in ständiger Bewegung im Inneren, voller Dynamik. Im Irdischen gibt es nichts Vergleichbares. Ich hörte das Geräusch dieses Stromes wie an mir vorbeidonnerndes Wasser (ähnlich einem großen Wasserfall), wie starken Wind, wie prasselndes Feuer. Der Strom floss schnurgerade aus dem Thronsaal heraus. Ich folgte ihm im Bild und sah, dass er durch ein großes Tor flutete. Er strömte hindurch und füllte den gesamten Tordurchgang völlig aus. Es sah etwa so aus wie ein Lichtstrahl, der durch ein Schlüsselloch dringt – nur weitaus größer. Er floss und flutete durch das Tor, unbegrenzt, in aller Fülle, ohne Ende. Ich wusste: Durch das Tor dringt nun das Übernatürliche in das Natürliche ein, es ist wie die Öffnung in eine andere Dimension – ein Tor zum Himmel.

Die Organisatoren und Veranstalter der Konferenz, Marek und Agnes Piątak aus Hamburg, erfuhren erst 10 Tage vor der

Veranstaltung zum allerersten Mal von der Prophetie von Daniel Capri. Seine Worte waren eine gewaltige Bestätigung für das Gebetstreffen, das bereits seit mehr sechs Monaten vorbereitet wurde.

Später hörten wir, dass es im Dezember 2012 in der Nähe von Augsburg eine Veranstaltung mit Daniel Capri hinsichtlich des Südtores gegeben hatte. Auch in Berlin hatte ein Pastor im Rahmen einer Gebetsveranstaltung die geistliche Verantwortung für das Tor in Berlin übernommen. Von weiteren Regionen oder Städten, die die Prophetie aufgriffen, war uns nichts bekannt. Da meine Frau und ich diese Prophetie, wie gesagt, als strategisch äußerst bedeutsam für unsere Nation und ganz Mitteleuropa erachteten – und es noch immer tun –, empfanden wir im Frühsommer des Jahres 2014, dass der Herr uns aufs Herz legte, eine „Prophetische Gebetskonferenz" in der Mitte Deutschlands zum siebten der in der Prophetie aufgeführten Tore zu planen, „das Tor in den Himmel, das zum Herzen des Vaters führt". Der Grund, warum der Herr uns speziell für dieses Tor beauftragte, war mehrschichtig.

Vor einigen Jahren erhielten wir vom Herrn die präzise Anordnung, dass wir einen Dienst gründen und ihn „Gottes Haus" nennen sollten. Der Name bezieht sich auf die bekannte biblische Begebenheit der Himmelsleiter Jakobs:

Und ihm träumte, und siehe, eine Leiter stand auf Erden, die rührte mit der Spitze an den Himmel, und siehe, die Engel Gottes stiegen daran auf und nieder ... Und er fürchtete sich und sprach: Wie heilig ist diese Stätte! Hier ist nichts anderes als **Gottes Haus**, *und hier ist die* **Pforte des Himmels**. *Und Jakob stand früh am Morgen auf und nahm den Stein, den er zu seinen Häupten gelegt hatte, und richtete ihn auf zu einem Steinmal und goss Öl oben darauf und nannte die Stätte Bethel.*
1. Mose 28,12-19

Der hebräische Begriff „Beth El" bedeutet „Gottes Haus" oder eben, wie hier beschrieben: Pforte bzw. Tor zum Himmel, also Himmelstor.

Aus diesem Zusammenhang ergab sich auch das Logo unseres Dienstes, ein Tor zum Himmel, aus dem stilisiert Herrlichkeit herausstrahlt und Wasser, als ein Bild für den Heiligen Geist, herausfließt. Das Tor ist das Verbindungsglied zwischen der übernatürlichen Dimension des Geistes – der Dimension des Himmels und der natürlichen Dimension dieser Welt. Das Tor ist der Ort, wo der Himmel „offen" ist.

Im Jahr 2011 veröffentlichte ich das visionäre Buch „Meine Entdeckungsreise im Himmel", in das zahlreiche, sich über Jahre erstreckende Visionen und Bilder über die himmlische Wirklichkeit einflossen. Der erste Teil „Einblicke in die geistliche Welt" behandelt Themen wie: Wo ist der Himmel?; Hineingeboren in die himmlische Realität; Hinzutreten zum Thron der Gnade; Eingesetzt im Himmel usw.

Im zweiten Teil „Entdeckungen in der himmlischen Dimension" beschreibe ich in 40 visionären Bildern die himmlische Realität. Darunter befinden sich auch Beschreibungen über ein gigantisches Tor, das von außen mit dem Blut Jesu bestrichen ist und das von einer grausamen, unwirtlichen Wüste in einen paradiesischen Garten führt. Auch hier klang das Thema Himmelstor an.

Die Stadt, in der wir wohnen, Rotenburg an der Fulda, liegt zentral in der mittleren Region, dem Herzen Deutschlands (nur etwa 50 Kilometer westlich des geografischen Mittelpunktes Deutschlands bei Mühlhausen in Thüringen). Das Stadtsiegel Rotenburgs aus dem 13. Jahrhundert zeigt ein Tor, in dem Jakobus steht. Jakobus symbolisiert Jakob und mit ihm die Himmelsleiter.

Bezugnehmend auf die Prophetie von Daniel Capri ergab sich für die „Prophetische Gebetskonferenz" in der Mitte Deutschlands somit „Himmelstor" als logischer Titel.

Als Gäste hatten wir die Geschwister eingeladen, von denen wir wussten, dass sie hinsichtlich der Prophetie bereits deutliche Schritte gegangen waren. Unter anderem waren dabei Marek und Agnes Piątak aus Hamburg, Thomas und Sybille Kurowski aus Friedberg bei Augsburg und Johann Christoph Tiedeke aus Berlin.

Während dieser Konferenz, zu der im Oktober 2014 ca. 420 Teilnehmer aus ganz Deutschland anreisten, gab es zahlreiche prophetische Worte und Eindrücke für Deutschland. Zunächst gab Daniel sein bewegendes persönliches Zeugnis weiter. Seine Familie gehörte zu den echten Pionieren und lebt seit 5 Generationen (120 Jahren) in Israel. Seine Vorfahren wanderten einst zu Fuß bis nach Israel ein. Daniel studierte Geschichte mit Schwerpunkt Holocaust und unterrichtete Politik und Geschichte.

Er wusste alles über den Holocaust („Ich wusste selbst, welche Wege Himmler in den KZs gegangen war und wo er welche Befehle erteilt hatte!") und er mochte die Deutschen und alle Menschen aus der deutschen Sprachfamilie nicht. Er lehrte seine Studenten: *„Geht niemals nach Deutschland. Dieses Land ist getränkt mit dem Blut unseres Volkes."*

Nachdem er auf übernatürliche Weise zum Glauben an Jeshua haMashiach gekommen war, merkte er, dass er vergeben musste, doch das fiel ihm zunächst sehr schwer.

Die erste Prophetie, die er durch den Herrn nach seiner Berufung in den vollzeitlichen Dienst erhielt, war genau diese Prophetie der 7 Tore über Deutschland. Heute liebt Daniel die deutschsprachigen Länder. Er ist mit Elisabeth verheiratet, einer Österreicherin, und sein Herz brennt für Erweckung in Deutschland.

Durch Daniels Zeugnis wurde den Konferenzteilnehmern bewusst, welch großes Wunder es ist, dass gerade er als Israeli mit seiner persönlichen Geschichte und Prägung von Gott ausgesucht wurde, um eine so richtungweisende Prophetie für Deutschland weiterzugeben.

Am Abend des gleichen Tages sprach Daniel über die geistliche Armee, die der Herr gerade in Deutschland aufrichten würde und proklamierte ihre Freisetzung über unserer Nation. Der Herr hatte ihm dazu einige spezifische Proklamationen geschenkt.

Hier in der deutschen Übersetzung:

Worte des Lebens – aus Zion für Deutschland

„Leib Christi in Deutschland, Erhebe dich! Erhebe dich! Erhebe dich!

Leib Christi in Deutschland, treibe aus Enttäuschung!

Eine neue Zeit ist vom Himmel freigesetzt, hinab in das Herz, das Herz deiner Nation.

Vertreibt Enttäuschung aus den Kampflinien Gottes! Vertreibt Entmutigung aus den Truppen Gottes! Vertreibt Lasten! Alle Lasten!

Deutschland, komm in Freiheit in die Tore meines Lobpreises! Freude für die Heiligen in Gottes Toren des Lobpreises!

JEHOVAH SHALOM ist mit euch. Sein Frieden umgibt euch jetzt. Sein Frieden beschützt eure Herzen."

Worte des Lebens – aus Zion für Deutschland

„Leib Christi in Deutschland, Erhebe dich!

Deutschland, habe Glauben an den Herrn, deinen Gott, habe Glauben! Habe Glauben und du wirst gesegnet sein, habe Glauben in seine Propheten. Habe Glauben in seine Propheten und du wirst siegreich sein.

Europa, Deutschland, nehmt eure Stellung im Lobpreis ein.

Nimm deine Stellung im Lobpreis ein.

Sing dem Herrn. Preise ihn für die Größe seiner Heiligkeit.

Danke dem Herrn! Denn seine Liebe bleibt für immer. Denn seine Liebe bleibt für immer in deiner Nation."

**Worte der Wiederherstellung –
von Gottes heiligem Berg – für Europa**

„Tag für Tag verlassen Männer und Frauen die Lager des feindes. Sie treten in Gottes Armee ein. Sie schließen sich JEHOVAH ZEVA'OT an.

Europa, sie sind Gottes mutige und tapfere Krieger, gefüllt mit dem Heiligen Geist.

Ihre Gesichter sind wie die Gesichter von Löwen. Sie haben eine große Armee, wie die Armee Gottes. Europa, denn Gott ist mit seiner Armee. Gott ist mit seinen mutigen Kriegern. Sie sind bereit, ihre Erbschaft in allen Nationen anzutreten.

Erfolg, Erfolg für dich, Armee Gottes in Europa. Erfolg für dich, Armee Gottes in Europa. Und Erfolg für all die, die sich dir anschließen." (Daniel Capri)

Im weiteren Verlauf der Konferenz, in der der Prophet unter anderem über die „Jugendlichen unter 35" sprach, die die

Generation der Veränderung und der Erneuerung bilden, die frei laufen und für Gott rennen muss, bat er den Herrn um 25 Millionen junge Menschen im deutschsprachigen Europa.

Danach verteilten sich die Teilnehmer auf sieben Regionen gemäß der in der Prophetie genannten Tore und Daniel sprach prophetisch und betete über jeder einzelnen Region:

Das nördlichste Tor – Hamburg

„Herr, du bist der Fels. Du bist der Fels. Herr, Hamburg klammert sich fest an den Felsen und die Hamburger kommen zu dem Felsen. Und sie umarmen den Felsen. Und sie bauen ihre Gemeinde auf den Felsen. Und sie stellen das Reich Gottes her auf den Fels.

Und Herr, nichts wird sie erschüttern. Sie werden unerschütterlichen Glauben empfangen. Keine Stürme, keine Winde werden diese Nation aus Gottes Glauben erschüttern können. Keine Stürme, kein Wind wird diese Nation erschüttern, kein Sturm und kein Wind wird diese Nation erschüttern können, weil sie starken Glauben von Christus selbst haben.

Und Jeschuah haMaschiach ist der Fels eurer Errettung, Deutschland. Er ist euer Erlöser, Hamburg. Halte dich fest an ihm, halte dich fest an ihm mit deinem Körper, deiner Seele, deinem Geist. Und lege dich auf diesen Fels und werde stärker.

Ich segne euch, dass Gott euch festklebt mit himmlischem Klebstoff an diesen Fels, an Jeschuah haMaschiach. Und dass diese Nation so festgeklebt ist, dass kein Antichrist diese Nation erschüttern kann. Kein Antichrist kann sie erschüttern. Sie sind sogar bereit, als Märtyrer zu sterben …

Herr, klebe Deutschland an dich dran. Klebe Deutschland an dich dran. Klebe den Leib Christi an dich heran, dass nichts sie erschüttern kann. Nichts wird dich erschüttern. Und das ist wichtig, vergesst das nicht.

Und betet, dass Gott diese Nation an den Felsen Jesus Christus klebt. Und es ist ein kostbarer Klebstoff. Es ist das Blut, es ist das Blut. Das Blut des Lammes klebt euch an den Fels."

Das südlichste Tor – München

„Adolf Hitler hat versucht, ein unheiliges Feuer der Nation zu bringen. Adolf Hitler hat Bayern so geliebt. Und es war ein fremdes Feuer, ein unheiliges Feuer.

Wir bitten dich, bring ein neues, dein Feuer. Ersetze es mit deinem Feuer, ersetze es mit deinem Feuer, mit dem Feuer des Heiligen Geistes. Komm Feuer, komm Feuer, komm über Nürnberg, komm über Nürnberg, komm über die Stadt dieser Konferenzen, dieser Märsche. Komm Heiliger Geist über Nürnberg, komm über München, komm über Bayern, komm zu den Bergen, komm zu den Tälern, komm zu den Tälern und den Bergen, komm in die Straßen, komm in dieses Bundesland. Und taufe dieses Bundesland mit deinem Feuer, mit heiligem Feuer. Zungen von Feuer, Zungen von Feuer, Ströme von Feuer, Flüsse von Feuer. Feuer des Heiligen Geistes, Feuer des Heiligen Geistes komm, komm, komm, fließe, fließe, ströme, ströme, ströme, ströme, komm, fließe.

Und ich setze Feuer frei, Ströme von Feuer, Ströme von Feuer, über ganz Deutschland, über ganz Europa, über ganz Deutschland, über ganz Europa. Ströme von Lava vom Himmel. Ich sehe in meinem Geist einen Fluss. Das sind keine Zungen von Feuer, es ist ein Fluss von Feuer, ein Strom von Feuer, ein Strom von Feuer kommt herab."

Das erste Tor im Osten – Berlin

„Herr, 2007 hast du viele Gläubige aus vielen Nationen nach Berlin geschickt, viele Menschen, viele Propheten, aus der Schweiz, aus anderen Ländern hingeschickt nach Berlin. Denn du wolltest Erweckung in Deutschland anfangen, von Berlin ausgehend. Aber Berlin war nicht bereit. Berlin war nicht bereit.

So Herr, wir setzen über Berlin frei die Salbung der Demut, die Salbung der Demut, die Salbung eines dienenden Herzens. Ihr seid keine Berliner, ihr seid Deutsche. Ihr seid keine Berliner, ihr seid verbunden mit der deutschen Familie. Ihr werdet keine Snobs sein, sondern ihr werdet wandeln als Kinder Gottes. Ihr werdet gehen mit der Salbung Gottes. Ihr werdet gehen mit der Liebe Gottes. Ihr werdet mit der liebenden Leiterschaftshaltung dienen. Und ich setze über euch frei, Berlin, Leiterschaft mit dem Herzen Christi. Eine Leiterschaft mit einem dienenden Herzen in Berlin. Leiterschaft mit einem dienenden Herzen in Berlin.

Und Berlin, Gottes Licht wird von dir ausgehend leuchten. Vom Alexanderplatz wird das Licht Christi mächtig leuchten über dieser Stadt und über der Nation.

… Berlin, mach dich bereit! Du bist ein Teil Deutschlands! Ihr seid Deutsche, ihr seid ein Teil der Familie. Einheit, Einheit! Berlin, Einheit, in Jesu mächtigem Namen, Einheit."

Das zweite Tor im Osten – Leipzig

„Das Tor ist ein Tor aus dem Holz des Olivenbaums. Ein Olivenbaum-Tor. Eure Nation ist eingepfropft in den alten Olivenbaum. Der alte Olivenbaum, du bist dort hinein gepfropft.

Und die Tränen Christi in Gethsemane, der Schmerz Christi in Gethsemane, die Striemen Christi vor der Kreuzigung, das Blut, das vom Leib Christi in das Kreuz floss, fließt wie ein Fluss, ein Strom der Heilung über euch, über deine Nation, über diesen Kontinent.

Christus hat den Preis für dich bezahlt. Christus ist auf Golgatha für dich gestorben. Christus ist gestorben, um dich heil zu machen, dich ganz und heil zu machen, Deutschland.

Und Heilung über dir freizusetzen, Heilung wie einen Duft, Heilung mit einem wunderbaren Duft. Rosen, der Duft von Rosen bringt Heilung in die Nation. Öl von Heilung, ein Fluss mit Öl von Heilung vom Kreuz, vom Himmel, vom Lamm Gottes über eure Nation, über diesen Kontinent, über die Tore. In Jesu Namen.

Es ist frei, es ist frei, es ist frei."

Das erste Tor im Westen – Frankfurt

„Wir setzen frei über Deutschland Anbetung in Wahrheit und Geist, wir setzen Anbetung in Wahrheit und Geist frei. Wir werfen hinaus aus dieser Nation jede Leistung in der Anbetung. Keine Leistung. Anbetung in Geist und Wahrheit. Ein Fluss der Anbetung aus dem Himmel. Und Herr, Anbetung, die dein Herz berühren wird. Anbetung, die Veränderung bringen wird zu dieser Nation.

Und Herr, dieses Tor ist ein Tor für junge Leute. Und wir rufen die jungen Leute, dir nachzulaufen. Und mit dir zu tanzen, und radikal im Tanz zu sein, und nicht über die zu denken, die sie verachten.

Und Deutschland, ich befehle diesem Geist von Michal rauszugehen aus dieser Nation ... Geist von Michal, raus, raus, raus! Geist von Kritik, raus! Geist des Verspottens, raus! Dieser böse, hässliche Geist, raus!

Diese Nation wird dich anbeten auf die Weise, die du wählst. Nicht wie wir es wählen. Wir werden dich anbeten auf die Weise, die du gewählt hast. Und Anbetung wird von der deutschen Familie ausströmen über ganz Europa. Und Europa wird beginnen, die deutsche Sprache zu lieben. Und wir setzen jetzt Salbung frei in den deutschen Lobpreis hinein, Salbung für die Worte, Salbung vom Himmel."

Das zweite Tor im Westen – Stuttgart

„Der Löwe von Juda brülle über dieser Nation. Und Herr, setze Trompeter frei. Herr, setze Schofarbläser frei, setze Krieger frei ... Herr, lass Krieger aufstehen für Deutschland. Es wird gebraucht, es ist nötig, es ist nötig. Wir sind in der Endzeit, wir sind in der Endzeit.

Wir müssen stärker werden und stärker werden ... Körper, Seele und Geist. Wir müssen lernen zu brüllen, wir müssen lernen zu kämpfen, wir müssen lernen, den Bären und den Löwen zu töten. Es ist nicht nur David, es sind auch wir. Wir brauchen diese Salbung, diese heilige Kriegssalbung, die Altäre des Feindes zu zerstören in dieser Nation.

Und ich setze diese Salbung über euch frei, der Zerstörung, des Zerschmetterns der Altäre und wieder aufzubauen, Gottes Altäre wieder aufzubauen in dieser Nation."

Das siebte Tor – Die Mitte Deutschlands – Hessen / Thüringen

„Und ich sehe eine Vision und ich möchte sie mitteilen über das Herz des Vaters und über Deutschland.

Leib Christi, verlasst den Schweinestall. Ich möchte gehorsam sein dem Herrn. Leib Christi, hört auf, das Futter der Schweine zu essen. Hört auf, hört auf. Euer Vater wartet darauf, dass ihr kommt und euer Erbe antretet. Leib Christi, Leib Christi, komm zurück nach Hause, zurück nach Hause zu Abba ... er wartet auf dich ... Euer jüdischer Bruder wartet auf euch im Zuhause von Abba.

Kommt. Er wird euch entgegenlaufen, er wird euch umarmen, er wird euch küssen, er wird euch ein neues Gewand geben, ein neues Gewand. Er wird euch reinigen, er wird euch waschen, abwaschen von der Wüstenzeit. Er wird euch waschen, er wäscht euch ... er wäscht euch mit seiner Liebe, er wäscht euch, er reinigt euch wie ein Baby. Komm zu den Armen Abbas. Lass Abba-Liebe über euch regnen, lass ihn euch waschen, euch reinigen, lass ihn euch waschen. Er will euch eine neue Kleidung geben. Neue Kleider. Lass ihn dich anziehen mit neuen Kleidern!

Und lass die alten Gewänder hinter dir! Werde die alten Kleider los! Werdet die alten Weinschläuche los, werdet die alten Weinschläuche los! Werde sie los! Abba will sich freuen. Abba bereitet neuen Wein für dich vor. Abba hat dir ein neues Gewand gegeben. Er hat dir neue Weinschläuche gegeben. Werde das Alte los! Werde es los, werde es los. Es hält die Nation, es hält die Erweckung auf. Werdet die alten Kleider los! Hört auf, sie immer wieder zu waschen. Es gibt neue Kleider. Und die sind so sauber, dass sie nicht gewaschen werden müssen. Die sind so schön.

Und dann, wenn ihr die neuen Weinschläuche haben werdet, wenn ihr die neuen Kleider haben werdet, nur dann, dann wird er euch den Ring geben. Er gibt euch noch nicht den Ring. Erst dann wird er euch den Ring geben. Erst dann wird er euch die Sandalen aus Feuer geben. Und ihr werdet an Orte gehen und Feuer wird von euren Füßen kommen.

Werdet das Alte los! Egal, wie kostbar es euch erscheint. Werdet es los! Ich weiß, eure Generation möchte immer bewahren und sparen, immer sparen. Dinge aufheben. Aber wirf das Alte weg! Wirf das Alte weg! Wirf das Alte weg! Wirf die alten Kleider weg. Empfange die neuen …

Und Deutschland, ich setze über dir frei die neuen Kleider. Ich setze über dir frei die neuen Weinschläuche. Ich setze über dir frei, Deutschland, die neuen Sandalen. Ich setze über dir frei, Deutschland, die Ringe. Ich setze den neuen Wein über dir frei. Über all den Toren, den ganzen Toren, den neuen Wein … Und der hört nicht auf, neuen Wein.

Und der himmlische Vater wartet, um mit seinen Kindern hier auf der Erde zu feiern. Er wartet, zu feiern mit dir! Der neue Wein, der neue Wein der Freude.

Und ich setze euch frei in diesem Tor des Vaters von Schmerz. Ich setze euch von Traurigkeit und vom Schmerz frei. Und ich setze über dieser Nation Freude frei … die Freude, ich setze die Freude frei." (Daniel Capri)

Von der „Prophetic Wall"

Neben diesen Prophetien gab es auch zahlreiche prophetische Eindrücke und Bilder aus der Mitte der Teilnehmer, die unter anderem an der „Prophetic Wall" ausgehängt wurden (z.T. ohne Namensnennung). Einige Eindrücke möchte ich weitergeben:

„Ich sah eine Taube, die fliegen wollte, aber von zwei Händen festgehalten wurde. Es war der Heilige Geist, den wir fliegen lassen sollen, um Gottes Gemeinde auf seine Weise bauen zu lassen. Indem wir ihn fliegen lassen und ihn nicht durch unsere Haltungen, Methoden und Programme festhalten, werden wir selber aufsteigen – in ihm. Später sah ich, wie diese Taube wieder zurückgeflogen kam. Sie hatte ein Stück Brot im Schnabel, das sie brachte.

Zum einen stand es, glaube ich, für das Wort Gottes, das wir als Nahrung brauchen. Wenn wir den Geist fliegen lassen und es auf seine Weise machen lassen, werden wir alles an Nahrung für unseren Geist empfangen, was wir brauchen. Ich glaube, es stand aber auch für Verheißungen, deren Erfüllung wir vermissen. Wir wollen es so oft auf unsere Weise, aber es geschieht nicht durch Heer oder Kraft, sondern durch den Geist. Wenn wir ihn fliegen lassen, wird er für die Erfüllung sorgen. Auf seine Weise! Lassen wir die Taube fliegen!" (NN)

„Gestern Abend, als die Armee des Herrn marschierte und das Land einnahm, sah ich, dass ein großer, sehr großer Löwe praktisch über den Kämpfern marschierte. Er hatte die Kämpfer zwischen seinen Beinen – von dem Raum zwischen seinen Vorderbeinen bis zu seinen Hinterbeinen waren sehr viele und der Löwe beschützte sie liebevoll. Die Kämpfer dachten, dass sie kämpfen müssten, aber sie brauchten das nicht, da alle Feinde bei dem Anblick des wirklich sehr großen Löwen zusahen, dass sie wegkamen." (NN)

„Bevor das Tor gebildet wurde, wohindurch wir zogen, als die Schofarbläser tönten – beim Klang der Schofare, sah ich, wie der Klang oder die Sprache des Herzens der Gemeinde Deutschlands sich erhob und begann, den Klang des Herzens des Vaters zu suchen. Das klang verzweifelt, suchend, auch verwirrt und misstönend, aber es begann und formierte sich – eine Findungsphase und Suche der Nation nach dem Klang des Herzens Gottes, mit ihm und seinem Herzen zu schlagen." (NN)

„Während wir Ihn ehrten – während wir Ja sagten – während sich das mit dem Schofarklang verband, begannen wohlgeordnete Eliteeinheiten – Engelsheere – quer durch den Machtbereich der Luft zu marschieren – um auf der Erde freigesetzt zu kämpfen! Alle perfekt ausgerüstet, um zu siegen!" (NN)

„Die Tore erheben sich, sehr groß, schön und voller Herrlichkeit, gerade wie eine Zeder auf dem Libanon … Das Licht, das Ich ihm gebe, wird auf die anderen Länder ausstrahlen. Länder, öffnet eure Herzen!

Seeküste, du bist noch dunkel. Ein Licht kommt von dem Tor Hamburg, es erreicht dich.

Dänemark, lass dich anrühren.

Polen, Tschechien, ihr seid so blass. Warum käut ihr immer wieder? Eine neue Zeit hat angefangen. Lasst die alten Ereignisse los und Mein Licht wird euch erreichen.

Italien, du bist weit weg. Viele Tränen habe Ich über dich vergossen. Kehre um. Österreich ist vor dir. Es wird von Deutschland leicht erleuchtet, lass dich erreichen.

Österreich und die Schweiz, seit langem schaue Ich auf euch. Mein Licht, das über Deutschland strahlt, fängt an, auf euch zu leuchten. Es wird stärker.

Frankreich, du Unbeugsames, lass Meine Kinder, die Juden, los! Kehre um, kehre um.

Luxemburg und Belgien, Ich sehe euch noch nicht, aber
Ich habe euch nicht vergessen.

Holland, du stolzes Land, du liebst deine Freiheit, du
bist stolz auf die Freiheit, die du dir selbst gegeben hast.
Freiheit ist, sich in dem Rahmen zu bewegen, den Ich, der
Herr der Heerscharen, gegeben habe. Lass dich anrühren.

Ihr Länder, öffnet eure Herzen. Großes kommt aus
Deutschland.

Mein Herz schlägt voller Liebe für dieses Land. Es ist in
der Mitte." (Isabelle Steiniger)

Folgender kurzer Eindruck erscheint mir hinsichtlich der Prophetie über das Bersten der Staumauer und den kommenden Tsunami interessant:

„Als wir gestern für die Konferenz gebetet haben, sah ich
einen Strom vom Himmel über Deutschland kommen.
Diese Wassermasse sprengte lauter Sperren und Barrikaden
um und strömte als viele Wasseradern ins ganze Land. Alle
Dunkelheit, Schmutz und Perversion wurden weggespült."
(Nadja Andres)

Die Erweckung Deutschlands hat begonnen!

Marika Reincke, eine Teilnehmerin aus Bremen mit einem eigenen Dienst, schrieb an Freunde und Unterstützer ihrer Arbeit:

„Die Erweckung Deutschlands, für die viele Menschen so
lange gebetet haben, hat begonnen! Vor einigen Tagen war
ich Teilnehmerin einer prophetischen Gebetskonferenz in
der Mitte Deutschlands für Deutschland.

Im Gottesdienst am Sonntagmorgen gab der Herr mir
einen Eindruck. Ich hörte seine Worte: *„Der Himmel*

über Deutschland hat sich geöffnet. Jetzt ist die Erweckung freigesetzt." Dann sah ich, wie etwas, was ich nur wie eine Nebeldecke beschreiben kann, über ganz Deutschland ausgebreitet war. Daraus fiel gleichmäßig etwas auf die Erde herunter, das ich zunächst nicht richtig erkannte. Dann wurde mir klar, dass es ein feiner, gleichmäßiger, sanfter Regen war, der auf das gesamte Land fiel.

Später erklärte mir der Herr die Bedeutung dieses Bildes: *„Die Erweckung in Deutschland wird gleichmäßig ausgegossen, wie ein sanfter, beständiger Regen. Sie wird nicht an dem einen oder anderen Ort beginnen, sondern flächendeckend, damit Deutschland nicht wieder in seinen alten Stolz verfällt. Niemand wird sagen können: „In meiner Stadt oder in meiner Gemeinde hat es begonnen."*

Eine weitere wunderbare und ermutigende Vision hatte ich schon am Tag zuvor. Während die Gruppe im intensiven Lobpreis war, sah ich Jesus sitzend auf seinem Thron. Der Lobpreis gefiel ihm so sehr, dass er sich voller Freude und Liebe erhob. Hinter ihm waren Heerscharen von Engeln. Vor ihm lag das gesamte deutsche Land. Als ich in die Augen Jesu blickte, erkannte ich, dass es Feuerflammen waren. Diese Flammen wurden zu Strahlen, mit denen Jesus über das gesamte Deutschland blickte. Dann sprach er die Worte: *„Deutschland, Ich sehe dich. Jeder Winkel von dir ist unter Meinen Augen. Mein Feuer wird dieses Land erfüllen."*

Als die Gruppe begann, Proklamationen über Deutschland auszusprechen, sah ich, wie das gesamte Land an seinen Rändern mit kleinen Feuerflammen umschlossen war, die dicht an dicht aneinandergereiht waren. Je stärker die Kraft der Proklamationen zunahm, umso größer wurden die Feuerflammen, so dass sie hoch hinaufstiegen. Dann hörte ich die Worte: *„Ich gebe euch alles, was ihr benötigt, um Mein Werk in diesem Land auszuführen."*

Daraufhin kam ein großer Korb an vier Seilen aus dem Himmel herab. Zunächst konnte ich nicht erkennen, was darinnen war. Ich vermutete Früchte, weil er ein wenig wie ein Obstkorb aussah. Dann aber erkannte ich eine goldene Kugel und bemerkte, dass der Korb voller Gold aus dem Himmel war.

Das Volk Gottes erhebt sich in diesem Land unter den feurigen Augen des Herrn. Ihm entgeht nichts. Seine Herrlichkeit wird sichtbar werden. Lass dich von ihm ausrüsten und sei dabei!" (Marika Reincke)

Kapitel 6

Offene Tore

Bereits im Vorfeld der „Himmelstor"-Konferenz waren uns immer wieder prophetische Aussagen begegnet, die das Thema „Tor" aufgegriffen hatten. Einige davon sind im Folgenden wiedergegeben.

Jetzt öffnen sich die Tore zu neuer Geschichte

Am 17. Juli 2014 gab Dr. Tim Sheets, den ich bereits erwähnt habe, im Rahmen der Konferenz „The Cry" folgende Prophetie weiter, in der er nicht nur über Tore spricht, sondern auch über den aufgestauten Strom und den Damm, der durch den Herrn gesprengt wird:

> „Der Geist des Herrn verkündet Seiner Kirche – jetzt öffnen sich die **Tore** zu neuer Geschichte. Eine neue Bewegung wird nun vorwärtsgehen. Ein neuer Strom fließt von Meinem Thron und es wird ein reiner Strom Meines Evangeliums sein. Denn der Strom Meines Evangeliums ist umgeleitet und **aufgestaut** worden von jenen, die die Vorteile der gesammelten Segnungen haben wollten. Doch nun werde Ich die religiösen **Dämme sprengen**. Ich werde die geistlichen Hamsterer zur Rechenschaft ziehen und Ich werde ein Evangelium haben, das frei mit Meinem Geist fließt.

Meine Bewegung wird in Bewegung sein. Sie ist so angelegt, dass sie vorwärtsgeht und sie wird von den frischen Winden Meines Geistes angetrieben werden und von frischem Öl durchtränkt sein. Es wird ein reiner Evangeliumsstrom sein, der mit dem Feuer Meines Anliegens erleuchtet ist, einer, den Ich mit Zeichen, mit Wundertaten und Wundern bestätigen kann, einer, der weder durch Fleisch noch durch Stolz noch durch Unmoral, Geiz oder Gier verwässert ist, einer, hinter den Ich Meine Engelsheere stellen kann. Ein Evangelium gewaltiger Kraft, das nun rasch hervorbrechen wird. Und die Generationen werden ihre Kräfte bündeln für die Erweckung der Ernte, so wie es noch nie zuvor gesehen wurde." ...

„In der Leiterschaft wird nun ein Umschwung stattfinden", sagt der Herr. „Eine neue Art von Leitern wird in Meinem Reich offenbar werden. Die Verborgenen, die treu gedient haben, werden nun Beförderung erfahren. Obwohl Menschen nicht gesehen haben, so habe doch Ich gesehen. Es wird gesagt werden: „Woher kommen diese? Wer sind sie?" Und Ich werde für sie eintreten und sagen: „Das sind jene, die aus Meiner Gegenwart kommen. Das sind die, die keine Kompromisse eingehen. Es sind jene, die sich nicht mundtot machen lassen. Diese sind es, die sich vor der Dunkelheit nicht beugen. Es sind jene, die der Menschheit nicht mit verlockenden Worten Zugeständnisse machen, um den Frieden zu wahren, jene, die mit Meinen Worten fest gestanden sind.

Sie sind nicht zurückgewichen. Sie haben nicht ihr Knie gebeugt vor vermischter Religion und menschlichen Lehren. Sie duldeten die Verwässerung Meiner Botschaft und den Spott Meiner Wege nicht. Ganz offen standen sie zu Mir. Nun will Ich ganz offen zu ihnen stehen. Ich habe ihren Sieg verkündet und Ich werde darüber wachen." ...

Die Erweckung hüpft im Mutterschoß Meiner Fürbitter. Sie entspringt dem Mutterleib ihrer Mühen. Nun ist es Zeit für die Geburt der Vorläufer, die laufen werden. Springt in eure Bestimmung. Springt durch das offene Tor. Springt in eure Zukunft." (Tim Sheets)

Wiederherstellung von verlorenem Erbe

Doug Addison ist ein bekannter prophetischer Sprecher in den USA. In der Elijah List vom 14. August 2014 wurde folgende Prophetie von ihm veröffentlicht:

„Dies ist der Beginn einer neuen Zeit. Die Dürre, die wir in den letzten Jahren im Reich Gottes erlebt haben, ist nun vorbei. Erwarte einen Anstieg deiner geistlichen Gaben, Träume, Visionen, übernatürlicher Erfahrungen und deiner Finanzen. Dies wird eine Tür für dich öffnen, so dass du eine neue Ebene erreichen und die Erfolge deiner Mühen sehen kannst.

Während ich betete und neue Offenbarung empfing, hörte ich Gott sagen: „Ich wirke und spreche 24/7, doch die Menschen warten auf den richtigen Moment, um dementsprechend zu handeln." Jetzt ist die Zeit, um praktische Schritte zu unternehmen, so werden wir etwas Neues entdecken.

24/7: Ich hörte Gott sagen, dass Psalm 24,7 jetzt gerade geschieht:

*Hebt eure Häupter empor, ihr **Tore**, und hebt euch, ihr ewigen Pforten, damit der König der Herrlichkeit einziehe!*

Ewige **Pforten** und **Tore** sind Berufungen und Gaben, die unseren Vorfahren gegeben wurden. Diese stehen für Erbteile, die Gott für uns und unsere Familien vorgesehen hat, jedoch für eine geraume Zeit gestoppt oder verzögert wurden. Doch jetzt sind sie im Kommen!

Während sich diese uralten himmlischen **Tore** und **Pforten** zu öffnen beginnen, werden einige Spinnweben (alte Denkweisen), Spinnen (dämonische Ablenkung) und Krabbelgetier, das sich um die Tore herum gesammelt hat, sichtbar werden. Fürchte dich nicht vor ihnen. Wenn du vorwärtsgehst, ist Gott da, um dich hindurchzubringen …

Lasst uns alle beten, dass Gott etwas Neues freisetzt und wiederherstellt, was verlegt oder verloren war."
(Doug Addison)

Gottes Zeit der Vorbereitung und Bestimmung

Die Elijah List publizierte am 2. September 2014 eine Prophetie von Kathi Pelton, die – unter einer weltweiten Perspektive – schrieb:

„In den letzten Monaten hatte ich in meinem Geist einen Eindruck in Bezug auf die neue Zeit, in die der Leib Christi eingetreten ist. Ich hörte wiederholt die Worte: „Das Alte und das Neue fügen sich zu einer Einheit zusammen." Als ich am Morgen des 17. August auf den Herrn wartete, hörte ich ihn diese Worte sprechen:

„Mein Volk ist in eine Zeit großer Bestimmung und Vorbereitung eingetreten. Ich bereite gerade meine Hingegebenen darauf vor, Landebahnen zu sein, um all das zu empfangen, was Ich in dieser strategisch wichtigen Zeit in der Geschichte hervorbringen möchte …

Der Herr sagt: „Ich enthülle gerade uralte **Tore**, die Ich jetzt in dieser Zeit auch wiederherstelle. Diese uralten **Tore** waren lange Zeit vergessen und verlassen, doch nun offenbare Ich sie erneut jenen, die sehende Augen haben für das, was Mein Geist gerade tut. Ich sende Meine Auserwählten aus, um diese uralten **Tore** instand zu setzen.

Wie in den Tagen Nehemias, als die Stadtmauern instand gesetzt wurden, sende Ich nun viele in jene Länder, in denen sich diese uralten **Tore** befinden. Dies sind Orte, an denen der König der Herrlichkeit erscheinen wird, um Meine endzeitlichen Pläne zu erfüllen. Diese himmlischen **Tore** haben von Anbeginn der Zeit an existiert und die Zeit, in der sie geöffnet werden, ist nahe.

Ich habe auf der ganzen Welt Orte, an denen Ich gerade die **Tore** der himmlischen Versorgung zur Vorbereitung der großen Ernte, die in Kürze kommen wird, öffne. Es sind Länder der Verheißung und Orte mit strategischer Bestimmung, in welche Ich sowohl Einzelpersonen als auch Dienste führen werde, um darin zu wohnen. Ich bereite gerade Orte vor, die für Mein Volk in dieser Zeit Vorratslager sein werden.

Das Alte und das Neue fügen sich gerade jetzt in dieser Stunde zu einer Einheit zusammen. Der Anfang und das Ende laufen zusammen. Mitten in dieser gewaltvollen Zeit stifte Ich Frieden und bringe Friedensstifter und Hüter dieses Friedens hervor. Inmitten der Dürre werde Ich meinen Spätregen ausgießen."

Der Herr sagt: „Selbst jetzt bin Ich gerade dabei, jene einzustellen, die bereit sind, alles zurückzulassen und Mir zu folgen, wohin Ich sie führe. Sie werden zu den uralten **Toren** in die vorherbestimmten Städte gesandt werden, wo Friede, Bestimmung und Lobpreis die **Tore** öffnen und das Land wiederherstellen werden. Diese Gesandten werden den Bösen nicht fürchten. Sie werden ihn durch ihren Glauben, ihr Vertrauen und ihren Gehorsam Meiner Stimme gegenüber überwinden. Glaubensgewissheit wird ihre Stärke sein." …

„Ich, der Herr, werde für das ganze Werk der Vorbereitung vorsorgen … Ich werde jene heranziehen, die Reichtümer besitzen, um jene zu unterstützen, die den Weg bereiten und das Land für meine große Ernte freimachen. Versäume nicht die Zeit Meiner Einladung. Verpasse nicht diese Zeit großer Bestimmung und Vorbereitung. Du bist eine/einer Meiner Auserwählten." (Kathi Pelton)

Sowohl Doug Addison wie auch Kathi Pelton gehen in diesen Prophetien auf die neue Zeit ein, in die der Leib Christi hineingetreten ist, wenn sie beispielsweise schreiben: „Dies ist der Beginn einer neuen Zeit." oder „Mein Volk ist in eine Zeit großer Bestimmung und Vorbereitung eingetreten".

Dieser wichtige Gedanke ist bereits in zahlreichen anderen der in diesem Buch veröffentlichten Prophetien zum Ausdruck gekommen.

Im letzten Kapitel möchte ich noch einige Worte speziell unter dem Gesichtspunkt „Zeit" weitergeben.

Kapitel 7

Welch ein Vorrecht, in dieser Zeit zu leben

Abschließend möchte ich noch einige prophetische Worte weitergeben, die ich persönlich unter dem Gesichtspunkt „Zeit" für wichtig und visionsgebend erachte. Sie beziehen sich auf eine weltweite Entwicklung und richten sich nicht spezifisch in erster Linie an Deutschland, Österreich, die Schweiz und Mitteleuropa – schließen unsere Länder aber natürlich mit ein.

In einer Zeit des raschen Fortschritts

Das folgende prophetische Wort wurde von dem bekannten Sprecher Bobby Conner am 25. Juni 2013 weitergegeben:

„Der ganzen Welt stehen rasche und radikale Veränderungen bevor. So ist es unerlässlich, dass die Gemeinde eine Salbung der Kühnheit willkommen heißt und empfängt. Diese Salbung wird uns dabei helfen, die notwendigen Vorbereitungen zu treffen, damit wir auf unser Umfeld Einfluss nehmen können. Wir nämlich sollen die Katalysatoren für diese extremen Veränderungen sein. Unsere Aufgabe ist es, als Salz und Licht in dieser von Sünde verdunkelten Welt zu wirken (siehe Matthäus 5,13) …

Wir befinden uns in einer Zeit des raschen Fortschritts und der Beschleunigung. Der Geist Gottes wird die Dinge in die richtige Ordnung und göttliche Bestimmung hervorbringen. Im Geistlichen ist so ein Moment der „Fülle der Zeit" gekommen. Der Himmel proklamiert „Wacht auf, wacht auf!" Es ist Zeit, vorwärtszugehen. Die himmlischen Heerscharen sind bereit, einzugreifen und all jenen zu helfen, die danach trachten, den König in seinem Königreich einzusetzen (siehe Hebräer 1,14). In diesem Zeitraum wird tiefere Einsicht in Bezug auf den Thron Gottes und den Gott des Thrones offenbar werden.

Der Geist des Herrn ruft die Armee des Herrn auf, sich zu erheben und das Reich Gottes mit wahrer geistlicher Vollmacht und Kraft zu ergreifen. Erinnert euch daran, dass der Herr sagte, dass mächtige Heilige das himmlische Königreich einnehmen werden:

Aber von den Tagen Johannes des Täufers an bis jetzt leidet das Reich der Himmel Gewalt, und die, welche Gewalt anwenden, reißen es an sich. (Matthäus 11,12)

Es geschieht nicht durch Macht oder durch unseren menschlichen Geist, sondern durch den Geist des Herrn allein ...

Die Kämpfe werden zunehmen, doch die Siege werden überwältigend sein. Der Leib Christi wird gewaltige Durchbrüche im Bereich der Einheit und der Wiederherstellung erleben, wodurch Gnade und Vollmacht ersichtlich werden ...

Wir dürfen unsere Fähigkeiten nicht mit Gottes Salbung verwechseln. Wir sind mächtig, doch nicht aus unserer eigenen Stärke heraus, sondern in der Kraft und Vollmacht des Herrn. Durch die Kraft des Geistes Gottes sind wir in der Lage, zu überwinden und die Pläne des feindes zu durchkreuzen. Wir sind wahrlich für eine Zeit wie diese in das Königreich Gottes berufen.

Dies sind aufregende Zeiten der Landnahme und Konfrontation, des Bauens und Kämpfens. Wir stehen an der Schwelle zur größten Erweckung, die die Welt je gesehen hat. Der feind ist bereit, alles dranzusetzen, um dieses kommende Wirken Gottes zu verhindern. Wir müssen jetzt fest stehen und um der Gerechtigkeit willen Farbe bekennen. Der Herr hat einen ultimativen Befehl ausgegeben. Er ist unmissverständlich klar. Als Nachfolger Christi müssen wir kühn, tapfer und extrem mutig sein. Wie die Bibel es im Buch Josua verkündet:

Nachdem Mose, der Knecht des HERRN, gestorben war, sprach der HERR zu Josua, dem Sohn Nuns, Moses Diener: Mein Knecht Mose ist gestorben; so mach dich nun auf und zieh über den Jordan, du und dies ganze Volk, in das Land, das ich ihnen, den Israeliten, gegeben habe. Jede Stätte, auf die eure Fußsohlen treten werden, habe ich euch gegeben, wie ich Mose zugesagt habe. Von der Wüste bis zum Libanon und von dem großen Strom Euphrat bis an das große Meer gegen Sonnenuntergang, das ganze Land der Hetiter, soll euer Gebiet sein. Es soll dir niemand widerstehen dein Leben lang ... (Josua 1,1-5)

Nicht nur hat der allmächtige Gott uns aufgetragen, tapfer und mutig zu sein, sondern er hat uns auch für diese entscheidende Zeit bevollmächtigt. Wir müssen zur Landnahme bereit sein, was rasche und zuverlässige Veränderung mit sich bringen wird. Gottes Plan für sein Volk ist der Sieg, nicht Niederlage (siehe Jeremia 29,11). Wir sind dazu berufen und bevollmächtigt, Überwinder zu sein (siehe Römer 8,37). Obwohl das für einige vielleicht einschüchternd klingt, schlägt in Wahrheit tief in der Seele eines jeden wahren Christen das Herz eines Überwinders. Das Wort „Überwinder" weist auf einen Sieg nach einem harten Kampf hin. Wir sollen starke und willige Krieger sein.

Nun ist die Zeit gekommen, in der sich die Truppen des Herrn bereitwillig zur Verfügung stellen (siehe Psalm 110,3). Wir sollen Menschen werden, die Geschichte schreiben und die Welt verändern. Gott hat die genaue Zeit unserer Geburt bestimmt. Es ist wahr, dass das Reich Gottes in jedem von uns für eine Zeit wie diese ist. Denkt darüber nach. Wir hatten absolut nichts mit dem Timing unserer Geburt zu tun. Es ist Gottes Plan. Er freute sich auf diesen Tag und bestimmte uns zu großartigen Werkzeugen in seiner Hand, um mit uns sein Königreich Gottes zu gestalten." (Bobby Conner)

Die Zeiten haben sich geändert

Brian Simmons ist der U.S.-Direktor von H.I.M., eines Dienstes, der fast 20.000 Gemeinden weltweit leitet. Er hat verschiedene Bücher geschrieben, die Einsichten darüber vermitteln, was der Heilige Geist für die letzten Tage vorgesehen hat. Er schreibt:

„Ich hörte Ihn flüstern … Die Zeiten haben sich geändert. Du hast dies bereits vernommen, doch Ich sage dir: Die Zeiten der Zeit haben sich verändert. Die Ewigkeit fließt nun in unsere Zeit hinein. Ich rufe dich in die „zeitlose" Zone, in den Bereich der Ewigkeit in dir. Diese Zeit wird die ertragreichste und kraftvollste sein, die du je erlebt hast, denn Ich beschleunige Mein Wort, um es in Erfüllung zu bringen. Lang schlummernde Verheißungen werden nun zum Leben erwachen, während Ich dich durch die raschesten Veränderungen deines Lebens hindurchführe.

Die finanzielle Lage kann dich niemals zurückhalten, denn Ich bin der Gott, der für alles sorgt, was benötigt wird, und der dich mit allem versorgt, worin du Mangel leidest. Lass dich niemals von dem, was du „Mangel" oder

„Not" nennst, zurückhalten, denn Ich nenne es „Wunder des Vertrauens". Wenn du Mir vertraust, werde Ich die Türen zum Segen und zu der wunderbaren Versorgung, an die du nicht einmal gedacht hast, öffnen. Bleibe Mir treu und Ich werde dir Meine treue übernatürliche Versorgung zeigen. Meine Ernte der Nationen wird nicht auf die finanziellen Strukturen von Menschen beschränkt sein. Es wird grenzenlose Ressourcen geben und du wirst sehen, wie Meine Ernte eingebracht und Meine Braut strahlend gemacht wird …

Die Veränderungen, die dir bevorstehen, erfordern dein Vertrauen. Denn dort, wo dein Glaube strapaziert wird, wirst du Mich finden wie nie zuvor. Springe vor Freude, und in diesem Glaubenssprung wirst du Meine übernatürliche Gegenwart finden, wie du sie noch nie zuvor in deinem Leben erlebt hast. Glaube springt vor Freude! Mach dich bereit für das Kommen des Königreiches der Freude, auch wenn sich dunkle Schatten in deinen Umständen aufhalten. Der Glaube freut sich und wird Zweifel und Ängste niederwerfen. Sieh zu, wie neue Wunder durch diese Zeiten der Freude, die ich dir bringe, hindurchfließen.

Sei bereit, deinen Mund aufzumachen und deinen lebendigen Glauben jenen weiterzugeben, die dir nahe stehen. Ich werde Herzen öffnen – halte Ich nicht den Schlüssel in Händen, der die Herzen der Menschen auftut? Sprich deinen Lobpreis frei heraus, gib dein kühnes und mutiges Zeugnis weiter und sieh zu, wie Ich die Herzen der Männer und Frauen vor dir zum Schmelzen bringe. Eine große Ernte ist nun da. Nicht irgendwann einmal, sondern jetzt – heute! Sag ihnen, dass sie heute kommen und mit Mir im Paradies sein können!

Diese Zeit der Veränderung wird am meisten in deiner Familie bemerkt werden. Ich habe Meinen Geist und Meine Kraft dazu beauftragt, für Mein Volk in ihren Familien zu wirken. Du wirst viele Wunder sehen – viele Wunder – der Wiederherstellung, der Heilung von Beziehungen und in Millionen von Familien überall im ganzen Land wird Freude einziehen …

Die Zeit der Veränderung, auf die du gewartet hast, ist nun gekommen. Es wird deine Liebe mir gegenüber sein, die dich hindurchträgt … Und jene, die mit Mir auf Meinem blutbesprengten Sitz der Liebe sitzen, werden große Einsicht in Meine Geheimnisse erlangen. Die alte Ordnung vergeht jetzt schnell und eine neue Spezies ist gerade dabei, sich zu erheben. Sie werden bekannt sein als Tagesanbrecher und Morgendämmerungsmacher. Sie gehören Mir und Mir allein. Als meine feurigen Diener werden sie die Veränderungen beschleunigen, die Ich der Erde bringe. Und sie werden Meine Braut wieder zurück auf den Weg der Heiligkeit und der leidenschaftlichen Liebe führen." (Brian Simmons)

Nun ist deine Zeit gekommen

Am 21. Dezember 2013 wurde von der Elijah List folgendes Wort der Amerikanerin Victoria Boyson veröffentlicht. Victoria geht es in ihrem Dienst darum, die Braut Christi aufzuwecken und zur endzeitlichen Ernte zuzurüsten und die Gemeinde des Herrn dazu zu drängen, in eine leidenschaftliche Beziehung zu ihrem himmlischen Vater zu kommen. Sie schreibt:

„Seit Jahren zeigte sich mir der Herr immer wieder in einer Vision auf einem mächtigen weißen Pferd, bekleidet mit einer herrlichen Rüstung. Jedes Mal stellte er mir dieselbe Frage: „Victoria, wirst du mit Mir reiten?" Jedes Mal antwortete ich Ihm in entschlossener Erwartung und Vorfreude: „Ja, Herr!" Doch er schüttelte nur den Kopf und sagte: „Nicht jetzt, aber bald." Ich sehnte mich so sehr danach, bei Ihm zu sein, und bettelte, dass Er mich mitnehmen möge. Schließlich nach vielen, vielen Jahren, in denen ich immer wieder diese Vision hatte, sagte Er: „Victoria, es ist Zeit!"

Unser Vater sagt jetzt zu uns: „Nun ist deine Zeit gekommen, Meine Geliebte. Nun ist deine Zeit, Mir zu folgen und in das Wunder einzutreten, das gerade jetzt hervorkommt, nämlich dass Mein Reich auf die Erde kommt! Ich habe Mich von Anfang an auf diese Zeit gefreut und jetzt ist sie endlich da. Mein Reich wird auf der Erde in dir errichtet werden. Meine Gerechtigkeit wird zur Erde kommen. Meine Gerechtigkeit wird die Erde durch dich, meine wunderschöne Braut, regieren. Und die Welt wird wahrlich zu Meinem Licht kommen, das durch dich scheint! Sag „Ja" zu Mir und reite mit Mir – jetzt ist Meine Zeit!" (Victoria Boyson)

Die Zeit erfährt Erlösung

Am 22. Dezember 2014 wurde in der deutschsprachigen Elijah List ein Wort von Lana Vawser aus Australien publiziert, das ich als sehr wichtig und visionsgebend erachte:

„Heute Morgen spürte ich in meinem Herzen eine Last für jene Menschen, die das Gefühl haben, dass so viel Zeit ihres Lebens mit Warten verschwendet wurde. Jahre und Jahrzehnte sind vergangen, ohne dass Seine Verheißungen in einigen langersehnten Bereichen noch die herrliche Freude des Durchbruchs sichtbar geworden wären.

Ich spürte den Herrn sagen, dass nichts verloren ist. In Wahrheit ist nichts von dieser Zeit verloren gegangen, denn Er ist gerade dabei, diese Zeit, die sich wie „verlorene Zeit" anfühlte, zu erlösen.

2015 wird als ein Jahr gewaltiger Wiederherstellung gesehen werden. Vieles – mehr als zuvor – wird in das Leben Seines Volkes hereinplatzen, während sie auf Ihn warten.

Die Jahre des Schmerzes, des Kummers, der Verzweiflung, der Hoffnungslosigkeit, der Entmutigung und des Wartens wird Er mehr als wettmachen.

Im Jahr 2015 wird durch Seine Erlösung und Wiederherstellung mehr geschehen, als in den Jahrzehnten des Wartens scheinbar „verloren" wurde.

Viele, die dachten, dass die besten Jahre ihres Lebens vorüber wären, werden in Kürze in die besten Jahre ihres Lebens hineingelangen, wenn sie auf Ihn harren und sich an Ihm freuen!

Jetzt und heute sind die größten Bezeugungen von Umkehr und Wiederherstellung zu sehen.

Verlorenes Erbe wird verdoppelt, zerbrochene Herzen werden verbunden und werden Wiederherstellung erfahren und mit mehr Freude und Friede erfüllt werden als je zuvor. Verheißungen der Wiederherstellung von zerbrochenen Ehen nach Jahrzehnten des Schmerzes erfahren Heilung. Finanzieller Ruin, wo der feind geraubt hat, wird ins Gegenteil verkehrt werden und wir werden sehen, dass Gott im Überfluss wiederherstellt. Und jene werden zu den großzügigsten Gebern des Reiches Gottes gehören.

Viele, die das Gefühl haben, dass ihnen die Zeit gestohlen wurde, um die Dinge zu tun, die sie in ihrem Leben tun wollten, werden Segnungen und Gnade erfahren, um all das zu tun, was sie auf dem Herzen haben, und noch vieles mehr.

Das Volk Gottes tritt in eine der großartigsten Zeiten ein, in denen das Banner, das hoch erhoben ist, „Wiederhergestellt" lautet." (Lana Vawser)

Schließen möchte ich dieses Buch mit einem Blick auf das erstaunliche Vorrecht, in den heutigen Tagen in Deutschland, Österreich oder der Schweiz leben zu dürfen.

Die uns gegebenen prophetischen Verheißungen sind einzigartig und gigantisch, und das Vorrecht, Teil dessen sein zu dürfen, ist es ebenso.

Es gilt auch für dich!

Sei ein Teil dessen, was Gott tun will und bereits tut.

Stelle dich ihm zur Verfügung!

Denn:

Gott hat mehr für dich!

Welch ein Vorrecht, in einer Zeit wie dieser zu leben

Welch ein Vorrecht, in einer Zeit wie dieser zu leben, von Gott ausgewählt, ausgesondert und herausgerufen, um Teil dessen zu sein, was er gerade jetzt auf der Welt tut …

- einer Zeit, in der wir Dinge sehen, von denen so viele Generationen vor uns nur träumen konnten.
- einer Zeit, in der sich trotz Verfolgung, Repression und Gewalt die Gemeinde Jesu unaufhaltsam immer mehr ausbreitet – so schnell wie nie zuvor.
- einer Zeit, in der wir erleben, dass das Wort Gottes auf der ganzen Welt in immer mehr Sprachen, Völkern und Stämmen verkündigt wird.
- einer Zeit, in der sich Menschen auf den Weg machen, um in den abgelegensten Winkeln der Welt das Evangelium zu predigen und das Wort Gottes in die letzten Sprachen und Dialekte zu übersetzen.
- einer Zeit, in der wir zunehmend von Zeichen, Wundern und Heilungen auf der ganzen Welt hören, mächtigen Erweisen seiner Kraft.
- einer Zeit, in der sich Jesus auf der ganzen Welt übernatürlich in Träumen und Erscheinungen zeigt.
- einer Zeit, in der wir in Israel die Erfüllung jahrtausendealter Prophetien miterleben.
- einer Zeit, in der wir sehen, wie sich uralte Verheißungen und Bilder der Propheten immer mehr erfüllen – erschreckend und herrlich zugleich.

- einer Zeit, in der Hunderte von Millionen Christen in neuen Sprachen beten können – einer unfassbar mächtigen Waffe gegen das Reich der Finsternis.
- einer Zeit, in der der Herr der Gemeinde Gaben wiedergibt, die diese über Jahrhunderte verloren hatte.
- einer Zeit, in der sie zur geistlichen Waffe greift, ihre Position der Autorität, Herrschaft und Vollmacht annimmt und kühn für eine abgefallene, sterbende Welt einsteht
- einer Zeit, in der das Volk Gottes zu seiner eigentlichen Bestimmung zurückfindet.
- einer Zeit, in der das Rauschen von mächtigen Erweisen der Kraft Gottes auch bei uns schon zu hören ist, von Toten, die zum Leben zurückkommen, von Kranken, die geheilt werden, von Gebundenen, die frei werden, von Armen, denen das Evangelium verkündigt wird.
- einer Zeit, in der dies nicht nur in fernen Ländern geschieht, sondern der Wind, den wir kommen hören, auch über unsere Nation weht, ein starker Wind, ein einreißender und verändernder Wind, ein Wind, der Dinge aufdeckt, die so gut zugedeckt und verborgen schienen – Bedrückung, Manipulation, Missbrauch. Ein Wind, der Dinge ans Licht bringt, die schon lange darauf warten. Ein zerstörender Wind für Menschenwerk und tote Institutionen – manches bewunderte Gebäude wird einstürzen – und ein segnender Wind für echtes Leben, aus Gott geboren, ein reinigender Wind.
- einer Zeit, in der sich die Welt dramatisch verändert und bald schon Reich Gottes und Reich der Welt, Gut und Böse, Weiß und Schwarz für jedermann erkennbar sein wird – und jedermann wissen wird, auf welcher Seite er steht.

- einer Zeit, in der der Wind des Herrn alle Schleier und allen Nebel, alle Verwischung und alles Mittelmäßige wie Spreu wegweht.
- einer Zeit, in der wir wissen dürfen, dass er, unser Herr, bald kommt, zum Klang der Posaune

  ... und dass die Bläser dafür schon bereit stehen.

Notizen

Notizen

Quellenhinweise

Teil 1 – Ein Land wie kein zweites
Verwendete Literatur:
Gerhard Bially : „Ein Jahrhundertereignis" aus Charisma Nummer 98, 7/1996
Paul Schmidgall : „90 Jahre deutsche Pfingstbewegung", 1. Auflage, Erzhausen 1997
Herbert Masuch (HG) : Prospekte der „Initiative Berliner Erklärung", Scheeßel 1995
Christoph Morgner : „Keine pauschale Dämonisierung" aus IDEA Spektrum 3/1992, Seite 16-18
Christoph Morgner : „Herausgefordert", Publikation „Gnadau Aktuell"
Nr. 1, 11/1992
Liste der Unterzeichner der Berliner Erklärung, herausgegeben vom Gnadauer Verband
Siegfried Fritsch, Wolfhard Margies, Heinrich VII. Prinz Reuss: „Deutsches Geschichtsbuch für Beter", 2000, Aufbruch Verlag, Berlin
Siegfried Fritsch: „Der Geist über Deutschland", 1985, Verlag Johannes Fix, 1. Auflage, Schorndorf 1985, Seite 159-178 (auch zu Kaiser Wilhelm II.)

Verwendete Webseiten:
Links zu diversen Webseiten und weiterführenden Informationen (auch zur Zahl der pfingstlichen und charismatischen Christen) unter:
www.gottes-haus.de/specials/gott-und-deutschland

Teil 2 – Was Gott uns verheißt...
Deutschlands Bestimmung (Auszug)
Loren Cunningham, USA, in: „Los jetzt! Ein Handbuch für die Mission", Verlag Marsch für Jesus, Lüdenscheid 1994, S. 54-70, George Verwer, Luis Bush u.a. (Hg.)

Weitreichender als Azusa
William Seymour und Charles Fox Parham, USA, 1909/10,
eigene Übersetzung aus: Tom Welchel: "Azusa Street - They Told Me Their Stories", Dare 2 Dream Books, Mustang, USA, 2006

Kapitel 1 – Worte für Deutschland

Eine Prophetie für Deutschland (Auszug)
Don Franklin, USA, Webseite: www.propheticroundtable.org
01.09.2009, in: „Ein geistlicher Tsunami – Ein prophetischer Wegweiser", Gottes Haus, Rotenburg an der Fulda, 2012

Deutschland und Israel haben eine gemeinsame Bestimmung (Auszug)
Rick Joyner, USA, MorningStar Ministries, Webseite:
www.morningstarministries.org,
"Word of the Week 30 / 2012", eigene Übersetzung
www.morningstarministries.org/resources/word-week/2012/destiny-nation-path-life-part-23

Strategisches Wort für Deutschland (Auszug)
Rick Joyner, USA, MorningStar Ministries,
Webseite: www.morningstarministries.org
"Strategic Prophetic Words – Germany", 31. Mai 2002
Deutsche Übersetzung: Matthias Lehmann (Juli 2002)

Die Zeit für Deutschland ist gekommen (Auszug)
E. A. Adeboye, Nigeria, 28. Mai 2010, Redeemed Christian Church of God,
Webseite: www.rccg.org International Kingdom Power Conference, Frankfurt am Main 2010, in: „Ein geistlicher Tsunami – Ein prophetischer Wegweiser", Gottes Haus, Rotenburg an der Fulda, 2012

Schaut auf Deutschland, Norditalien und Osteuropa (Auszug)
Julia Loren, USA, Julia Loren Ministries
Deutsche Übersetzung: Karin Meitz, www.elijahlist.at
Veröffentlicht in Elijah List Publication am 1. Dezember 2011,
www.elijahlist.com

Die Rechte des Herrn ist erhöht (Auszug)
Ortwin Schweitzer, Deutschland, 2. Februar 2001, Adoramus Gemeinschaft, Wächterruf Deutschland (früher: Beter im Aufbruch), Webseite: www.waechterruf.de in: „Die Rechte des Herrn ist erhöht": Verlag Gottfried Bernard, Solingen 2001

Es wird innerhalb einer Stunde geschehen (Auszug)
Francois Botes, Großbritannien, 31. Juli 2007, Francois Botes Prophetic Music Ministry, Webseite: www.francoisbotes.org
Weitergegeben im Glaubenszentrum Bad Gandersheim

Gottes levitisches Volk in Deutschland (Auszug)
Bob Maine, in: „Gottes Feuer für Deutschland": Jesus! Gemeinde Verlag, 2003

Lebenswasser (Auszug)
Dr. Arnd Kischkel, Deutschland, 21. November 2003, „Gebetswächter – ein Gebetsdienst für Deutschland, Israel und die Nationen", Webseite: www.gebetswaechter.de

Kapitel 2 – Aufgestaute Gebetserhörungen

Die Staumauer
Martin Baron, Deutschland, 13. Juli 2002, in: „Ein geistlicher Tsunami – Ein prophetischer Wegweiser", Gottes Haus, Rotenburg an der Fulda, 2012

Der Dammbruch
Christian Scharnagl, Deutschland, 2009, in: „Ein geistlicher Tsunami – Ein prophetischer Wegweiser", Gottes Haus, Rotenburg an der Fulda, 2012

Ströme lebendigen Wassers
Martin Baron, Deutschland, 24.12.2011, in: „Ein geistlicher Tsunami – Ein prophetischer Wegweiser", Gottes Haus, Rotenburg an der Fulda, 2012

Himmelsschleusen
Damaris Baron, Deutschland, 27. April 2014, Erstveröffentlichung

Gottes Kairos-Moment
Dutch Sheets, USA, Dutch Sheets Ministries
Deutsche Übersetzung: Karin Meitz, www.elijahlist.at
Veröffentlicht in Elijah List Publication am 9. August 2013 unter dem Titel „Der göttliche Umschwung" (Auszug), www.elijahlist.com

Kapitel 3 – Ein geistlicher Tsunami

Der große Tsunami (Auszug)
Rick Joyner, USA, MorningStar Ministries, Webseite: www.morningstarministries.org
Deutsche Übersetzung: Rosa Wigert, www.elijahlist.at
Veröffentlicht in Elijah List Publication am 29. September 2011, www.elijahlist.com

Gemeinde, der himmlische Wecker klingelt (Auszug)
Tim Sheets, USA, 24. August 2014, Tim Sheets Ministries, Website: timsheets.org
Deutsche Übersetzung: Karin Meitz, www.elijahlist.at
Veröffentlicht in Elijah List Publication am 9. September 2014, www.elijahlist.com

Die größte Überraschung Gottes für die ganze Welt (Auszug)
Horacio M. Valera, Argentinien, 13. Mai 2012, in: „Ein geistlicher Tsunami – Ein prophetischer Wegweiser", Gottes Haus, Rotenburg an der Fulda, 2012

Kapitel 4 – Millionen werden das Heil Gottes sehen

Das große Kreuz
Martin Baron, Deutschland, 26. Dezember 1998, Erstveröffentlichung

Mitteleuropa: Feuer und Erschütterungen
Martin Baron, Deutschland, 18. Juli 2000, Erstveröffentlichung

Der Feuerball
Martin Baron, Deutschland, 4. Mai 2000, , in: „Ein geistlicher Tsunami – Ein prophetischer Wegweiser", Gottes Haus, Rotenburg an der Fulda, 2012

Schwarz-Rot-Gold
Martin Baron, Deutschland, 28. März 2003, , in: „Ein geistlicher Tsunami – Ein prophetischer Wegweiser", Gottes Haus, Rotenburg an der Fulda, 2012

Die Armee des Lichts
Martin Baron, Deutschland, 31. Oktober 2009, , in: „Ein geistlicher Tsunami – Ein prophetischer Wegweiser", Gottes Haus, Rotenburg an der Fulda, 2012

Ein Land, das sich auf die Herrlichkeit Gottes zubewegt
Martin Baron, Deutschland, 2. März 2005, Erstveröffentlichung

Ein großes Fragen nach dem Herrn
Martin Baron, Deutschland, 8. Oktober 2014, Erstveröffentlichung

Kapitel 5 – Himmelstor

Worte des Lebens und der Ermutigung für Deutschland (Auszug)
Daniel Capri, Israel, „Revive Europe", September 2008
veröffentlicht in Rundbrief 43, Die Brücke Berlin-Jerusalem e.V.,
www.diebrueckeberlin-jerusalem.de

Worte des Lebens – aus Zion für Deutschland
Daniel Capri, Israel, „Revive Europe", 18. Oktober 2014 auf der „Himmelstor"-Konferenz in Rotenburg an der Fulda, Deutschland

Einzelne Prophetien über die 7 Tore
Daniel Capri, Israel, „Revive Europe", 19. Oktober 2014 auf der „Himmelstor"-Konferenz in Rotenburg an der Fulda, Deutschland

Die Erweckung Deutschlands hat begonnen!
Marika Reincke, Deutschland, 28.10.2014, Wunderhaus Gottes,
Webseite: www.wunderhausgottes.de

Kapitel 6 – Offene Tore

Gottes Zeit der Vorbereitung und Bestimmung (Auszug)
Kathi Pelton, USA, Oceans In The Desert, Website: oceansinthedesert.com
Deutsche Übersetzung: Karin Meitz, www.elijahlist.at
Veröffentlicht in Elijah List Publication am 2. September 2014, www.elijahlist.com

Jetzt öffnen sich die Tore zu neuer Geschichte (Auszug)
Tim Sheets, USA, Konferenz "The Cry", 17. Juli 2014, Tim Sheets Ministries,
Website: timsheets.org
Deutsche Übersetzung: Karin Meitz, www.elijahlist.at
Veröffentlicht in Elijah List Publication am 25. Juli 2014, www.elijahlist.com

Wiederherstellung von verlorenem Erbe (Auszug)
Doug Addison, USA, InLight Connection, Website: dougaddison.com
Deutsche Übersetzung: Karin Meitz, www.elijahlist.at
Veröffentlicht in Elijah List Publication am 14. August 2014, www.elijahlist.com

Kapitel 7 – Was für ein Vorrecht, in dieser Zeit zu leben

In einer Zeit des raschen Fortschritts (Auszug)
Bobby Conner, USA, Eagles View Ministries, Webseite: bobbyconner.org
Deutsche Übersetzung: Karin Meitz, www.elijahlist.at
Veröffentlicht in Elijah List Publication am 27. Juni 2013 unter dem Titel
„Der Sieg der Tapferkeit – furchtloser Glaube", www.elijahlist.com

Die Zeiten haben sich geändert (Auszug)
Brian Simmons, USA, Apostolic Resource Center (ARC) & Stairway Ministries,
Website: stairwayministries.org
Deutsche Übersetzung: Karin Meitz, www.elijahlist.at
Veröffentlicht in Elijah List Publication am 14. Mai 2014 unter dem Titel „Diese Zeit wird die ertragreichste und kraftvollste sein, die du je erlebt hast", www.elijahlist.com

Wir treten ins Zeitalter der Wunder ein (Auszug)
Victoria Boyson, USA, Speaking Life Ministries, Website: victoriaboyson.com
Deutsche Übersetzung: Karin Meitz, www.elijahlist.at
Veröffentlicht in Elijah List Publication am 21. Dezember 2013, www.elijahlist.com

Meine Entdeckungsreise im Himmel

Ein Buch von Martin Baron

Der Heilige Geist möchte unsere Augen öffnen, damit wir in die himmlische Dimension hineinsehen und uns darin bewegen können. Er will uns eine Realität offenbaren, die wir bisher nur ansatzweise erahnt und erkannt haben – die Realität des Himmelreiches.

Die Zeit erfährt Erlösung (Auszug)

Lana Vawser, Australien, Website: lanavawser.com
Deutsche Übersetzung: Karin Meitz, www.elijahlist.at
Veröffentlicht in Elijah List Publication am 22. Dezember 2014, www.elijahlist.com

Was für ein Vorrecht, in einer Zeit wie dieser zu leben

Martin Baron, Deutschland, 2015, Erstveröffentlichung

Zur Beurteilung von Prophetien und Visionen siehe bitte:

1. Korinther 14,1+3+5+31+39
2. Petrus 1,21
1. Thessalonicher 5, 20-21
Amos 3,7-8

Weitere Informationen und alle in diesem Buch wiedergegebenen Prophetien in ungekürzter Fassung unter:

www.gottes-haus.de/specials/gott-und-deutschland

„Der Himmel ist die geistliche Realität, die unserer natürlichen Realität übergeordnet ist und sie durchdringt. Der Himmel ist nicht irgendwo „da oben". Er ist nicht physisch. Der Himmel ist wie eine unser Verstehen übersteigende „Dimension", die uns umgibt. Er ist gegenwärtig um uns herum, weder räumlich noch zeitlich gesehen weit entfernt. Er ist real da, umgibt uns, ist jetzt und hier. Deshalb kannst du auch im Gebet zu Gott sprechen. Er ist da, direkt ganz nah bei dir."

In diesem visionären Buch über Entdeckungen in der himmlischen Wirklichkeit gibt Martin Baron überraschende geistliche Erfahrungen und Eindrücke weiter, die ihm über einen Zeitraum von mehr als 10 Jahren geschenkt wurden.

Der erste Teil Einblicke in die geistliche Welt behandelt u.a. die Themen: Wo ist der Himmel?, Hineingeboren in die himmlische Realität, Hinzutreten zum Thron der Gnade, Eingesetzt im Himmel.

Im zweiten Teil Entdeckungen in der himmlischen Dimension beschreibt Martin Baron in 40 Bildern, was ihm in der himmlischen Realität gezeigt wurde.

Ein ungemein mutmachendes, horizonterweiterndes und wichtiges Buch. Ein Buch, das die Kraft besitzt, dein Leben zu verändern.

240 Seiten, Hardcover
ISBN 978-3-943033-09-0

www.gottes-haus.de/shop

Die 7 Feste der Bibel und ihr Geheimnis

Band 1 bis 7

7er-Set: Die 7 Feste der Bibel und ihr Geheimnis inclusive Schautafel „Der biblische Jahreskreislauf" (DIN A4)

Eine ermutigende Buchserie zu einem faszinierenden und prophetischen Thema. Die Abfolge der 7 biblischen Feste beinhaltet die komplette Heilsgeschichte und ermöglicht einen faszinierenden Einblick in die großen Pläne Gottes.

Die ersten vier Feste sprechen von dem, was historisch bereits geschehen ist: Das erste Kommen Jesu als der leidende Messias, die Auferstehung und die Sendung des Heiligen Geistes zu Pfingsten. Aber es geht weiter: Jesus wird auch die noch ausstehenden biblischen Feste erfüllen. Sie weisen auf die vor uns liegende Zukunft hin, auf die Wiederkunft des Herrn als königlicher Messias ... und auf das, was danach kommen wird.

Diese siebenteilige Buchserie soll helfen, Christen für das Thema der in der Bibel von Gott verordneten Feste zu sensibilisieren und einen kleinen Einblick in die faszinierende Welt des Beziehungsgeflechtes zwischen Altem und Neuem Testament, zwischen Judentum und christlicher Gemeinde, zwischen rabbinischer Lehre und prophetischer Erfüllung zu geben.

Und sie soll vor allem helfen, die tiefe prophetische und heilsgeschichtliche Bedeutung dieser Feste nachvollziehbar zu machen.

456 Seiten (gesamt)
Paperback, 7 Bände plus DIN A4-Schautafel
ISBN/EAN: 978-3-943033-07-6

www.gottes-haus.de/shop

Termine mit Gott

Die Sache mit den Blutmonden …
was steckt eigentlich dahinter?

Video-Seminar mit Martin Baron

Und danach wird es geschehen, dass ich meinen Geist ausgießen werde über alles Fleisch. Und eure Söhne und eure Töchter werden weissagen, eure Greise werden Träume haben, eure jungen Männer werden Visionen sehen. Und selbst über die Knechte und über die Mägde werde ich in jenen Tagen meinen Geist ausgießen. Und ich werde Wunderzeichen geben am Himmel und auf der Erde: Blut und Feuer und Rauchsäulen. Die **Sonne wird sich in Finsternis verwandeln** *und* **der Mond in Blut**, *ehe der Tag des HERRN kommt, der große und furchtbare. Und es wird geschehen: Jeder, der den Namen des HERRN anruft, wird gerettet werden.*
Joel 3,1-5

Das Thema „Blutmonde" bzw. „Tetrade" beschäftigt zunehmend zahlreiche Christen – vor allem in der englischsprachigen Welt. Für einige ist es der blanke Unsinn, für andere der Anlass zu wilden endzeitlichen Spekulationen. Worum geht es wirklich?

Die Rabbiner lehren, dass Mondfinsternisse als „Blutmonde" bekannt sind. Sie gelten seit jeher als ein Zeichen für das Gericht über Israel. In den Jahren 2014 und 2015 gibt es vier derartige Mondfinsternisse in Folge, eine sogenannte Tetrade. Und sie finden alle an äußerst interessanten Terminen statt. Zwei davon gab es bereits 2014 – zwei weitere folgen im April und September 2015.

Bilde dir mit diesem Vortrag von Martin Baron dein eigenes Bild:

- Was hat es damit genau auf sich?
- Was geschah in der Vergangenheit, wenn diese Tetraden stattfanden?
- Warum gehen viele Christen davon aus, dass dies ein wichtiges prophetisches Zeichen ist?
- Welche weiteren besonderen kalendarischen Ereignisse kommen 2015 auf uns zu?
- Hat das für mich persönlich eine Bedeutung?

www.gottes-haus.de/specials/termine-mit-gott

Gottes Haus ist ein gemeinnütziges, überkonfessionelles, christliches Werk mit einem Herz für Menschen, die mehr von Gott empfangen wollen.

Unsere Beiträge zur Ermutigung sind auferbauend, positiv, glaubensstärkend und immer auf Jesus hinweisend. Unser Hauptthema ist: **Gott hat mehr für dich!**

Gottes-Haus gemeinnützige UG (haftungsbeschränkt)
Postfach 1242
36188 Rotenburg an der Fulda

info@gottes-haus.de
Tel. 06623 / 300 9485

www.gottes-haus.de

Spendenkonto:

BfS – Bank für Sozialwirtschaft

BLZ:	550 205 00
Konto:	864 12 00
IBAN:	DE61 5502 0500 0008 6412 00
BIC:	BFSWDE33MNZ